AF185706

TINO HANEKAMP
NICK CAVE

Tino Hanekamp

NICK CAVE

KiWi MUSIKBIBLIOTHEK

Für Steffen, Sascha, Max & Rachel

»Head high and fuck them all.«

DAWN CAVE

1

»Okay, bist du bereit?«

»Ja, immer.« Sie dreht sich den Rückspiegel zurecht und zieht den Lippenstift nach. »Sagst du mir jetzt endlich, wo wir hinfahren?«

Ich lege den Gang ein, gebe Gas, der Jeep ruckelt den Hang hoch. Seit zwei Wochen weiß sie, dass wir heute irgendwohin fahren, ungefähr eine Woche lang weg sein werden und dass sich in dieser Zeit Juan um unsere Farm kümmern wird und Rufi, unser Kindermädchen, um unseren Sohn. Sonst weiß sie nichts. Wir biegen an den drei Bretterhütten der Familie Alvarez rechts ab auf die Buckelpiste, diesen nach den drei Monaten Regenzeit zerklüfteten Feldweg, der einem Bachbett gleicht und sich durch einen Talkessel und über einen Bergkamm durch dieses fast menschenleere Maya-Land bis zum Panamerikanischen Highway windet; knapp sieben Kilometer, die man in dreißig Minuten schafft, wenn man einen Jeep mit guten Reifen hat. Morgennebel hängt über den Maisfeldern. Der Motor gurgelt gut geölt, der Tank ist halb voll, das Profil schmatzt in den Schlamm, wir schwanken auf unseren Sitzen. Ixtzel (sprich: Ichelle, wie Michelle ohne M) tuscht ihre absurd langen Wimpern, denn Mexikanerinnen können sich bei schwierigsten Straßenverhältnissen schminken. Soll ich jetzt den Song spielen oder später? Sie noch ein bisschen zappeln lassen oder den Hasen aus dem Hut ziehen?

»Hey, ist mir übrigens egal, wohin wir fahren.« Sie wirft den Mascara-Stift ins Handschuhfach. »Hauptsache, Abenteuer!«

Das ist natürlich ein Trick, und wie immer falle ich drauf rein.

»Also, bist du bereit?«

»Hatten wir das nicht schon?«

»Jetzt kommt's nämlich.«

»Schau mal, ein Esel!«

»Wir fahren zum Nick-Cave-Konzert nach Mexiko-Stadt.«

»Wirklich?« Sie klatscht in die Hände, wirft sich mir um den Hals, küsst mich ab, jauchzt und schaut dem Esel hinterher, alles in einer Bewegung. »Ich liebe Mexiko-Stadt! Die Museen, all diese Museen! Wusstest du, dass die Hauptstadt meines schönen Landes die meisten Museen der Welt hat?« Das stimmt nicht, wie ich zufällig weiß, Moskau hat mehr, Paris, Peking – Mexiko-Stadt ist auf Platz zehn. »Wir müssen natürlich ins Anthropologische Museum, ins MUNAL, ins Spielzeugmuseum, ins Mumedi, ins Foltermuseum, es gibt sogar eins für Tequila und Mezcal und ... Oh, Baby, du bist der Beste!«

»Hey, wir fahren aber vor allem zu diesem Konzert. Nick Cave spielt, und zwar übermorgen, und da gehen wir hin, und danach werden wir ihn treffen.«

»Klar, kein Problem.«

»Kein Problem?«

»Ich war schon ewig nicht mehr auf einem Konzert.«

»Du warst erst einmal auf einem Konzert, bei Iron Maiden. Da warst du 14, trugst ein selbst gemachtes Radiohead-T-Shirt, hast dich mit diesem Zweimetertypen geprügelt und bist rausgeflogen.«

»Hast du manchmal das Gefühl, dass wir zu viel voneinander wissen?«

»Nein. Aber was weißt du eigentlich über Nick Cave?«

»Genug. Er ist der Mann von Susie Bick, die diese unfassbaren Kleider macht. Ich würde meine komplette Garderobe hergeben für ein Kleid von ihr. ›The Vampire's Wife‹! Und er ist natürlich der Vampir.«

»Ja, aber er macht auch noch Musik.«

»Ach, wirklich?«

»Man könnte sagen, er ist der Dylan, Cash und Cohen unserer Zeit.«

»Könnte man das? Wie heißt doch gleich dieser Song? ›Into My Arms‹? Den mag ich.«

»Du *magst* ›Into My Arms‹?«

»Und niemand ist Leonard Cohen außer Leonard Cohen. Den könnten wir jetzt übrigens gut hören. Wusstest du, dass am Tag nach seinem Tod Trump zum Präsidenten gewählt wurde? Seit Lenny tot ist, geht die Welt den Bach runter.«

»Liebling, du begreifst nicht mal im Ansatz, worum es hier geht.«

»Muss ich das denn? Halt mal an. Die nehmen wir mit.«

Ich halte an, und eine alte Dame in Maya-Tracht steigt ein. Sie hält einen Hahn im Schoß und bedankt sich, sie will nur nach Betania. Jetzt kann ich den Song, mit dem ich diese Reise beginnen wollte, ›From Her To Eternity‹ nämlich, natürlich nicht spielen. Die arme Frau würde denken, sie säße mit dem Teufel im Auto.

»Also, worum geht's?«

»Ich soll ein Buch über Nick Cave schreiben. Das heißt, mein Verlag, dem ich noch meinen zweiten Roman schulde, macht da diese Reihe, wo Leute, die unter Umständen schreiben können, über Musiker schreiben sollen, die ihnen viel bedeuten, und da haben die mich gefragt, ob ich über Bruce Springsteen schreiben will.«

»Ich hasse Bruce Springsteen.«

»Was mit deinem merkwürdigen mexikanischen Nationalismus und deiner Abneigung gegen Gringos zu tun hat, auf jeden Fall habe ich denen gesagt beziehungsweise Martin, meinem Lektor ...«

»Oh Martin, schick uns Geld!«

»... dass ich lieber über Nick Cave schreiben würde, weil der mich mehr geprägt hat als jeder andere Künstler.«

»Hast du den nicht mal interviewt, und dann wollte sein Manager, dass du das Tape vernichtest?«

»Das war Marilyn Manson. Cave habe ich einfach nur beleidigt. Wahrscheinlich wollte ich cool sein. Ich war 22.«

»Das bin ich auch.«

»Ja, aber du bist, nun ja ... du.«

»Und jetzt willst du also ein Buch über den Typen schreiben?«

»Sie zahlen ein Honorar, und Nick Cave ist ein Mensch ...«

»Wer ist das nicht?«

»... der erstaunliche Musik macht und Filmmusiken, und er schreibt Bücher und Drehbücher und hat einen seiner Söhne verloren und das irgendwie überlebt, durch Transformation oder so – keine Ahnung. Vor allem ist er ein Künstler im wahrsten Sinne. Er kreiert. Ständig. Es ist unfassbar. Keine Ahnung, wie der das macht. Aber er kennt das Geheimnis.«

»Und das willst du herausfinden?«

»Na ja, es ist schon erstaunlich. Er ist 61, hat zwei Romane geschrieben, drei Drehbücher, 16 Alben, an die 700 Songs und ein Dutzend Soundtracks und ich bin 39, habe einen Roman geschrieben, vor acht Jahren, und seitdem …«

Auf dem Rücksitz gluckst der Hahn.

»Liebling«, sagt Ixtzel, »Einstein war mit 39 der berühmteste Wissenschaftler der Welt, Neil Armstrong war mit 39 auf dem Mond, und über Stephen Hawking lass mich lieber nicht reden. Bitte hör auf, dich mit anderen Leuten zu vergleichen.«

»Mache ich doch gar nicht. Ich meine ja nur …«

»Ja?«

Sie wirft mir einen Blick zu. Ich sehe nur die Kopfbewegung aus den Augenwinkeln, weiß aber, wie sie guckt: traurig, besorgt und liebevoll genervt.

Wir sind mittlerweile in Betania angekommen, dieser merkwürdigen Ansiedlung von Protestanten, die vor 30 Jahren von den Katholiken der Maya-Hochburg Chamula vertrieben wurden, und alles ist grau.

Graue Betonwände, graue Wellblechdächer, graue Straße, grauer Himmel. An der Kreuzung neben dem Tortillastand sagt eine Stimme hinter mir: »Hier muss ich raus« – ich habe die Frau auf dem Rücksitz völlig vergessen und halte an. Sie fragt, was sie uns schulde für die Fahrt, ich sage: »den Hahn«.

Ixtzel stößt mir in die Rippen, die Dame guckt erst unsicher, dann lacht sie ein zahnloses Lachen, bedankt sich und steigt aus.

Wir biegen links ab auf den Panamerikanischen Highway gen Norden. Links und rechts rollen Händler die Plastikplanen vor ihren Ständen hoch. Eingeweckte Pfirsiche und Palmenherzen, frisches und nicht mehr ganz so frisches Obst und Gemüse. Über Nacht wird hier nie was gestohlen, obwohl die nächste Polizeistation eine halbe Stunde entfernt ist, aber für Diebstahl wird man gesteinigt und für Vergewaltigung verbrannt. Sagen zumindest die Leute.

Ich habe das Gefühl, den Anfang versaut zu haben, weil jetzt mein schriftstellerisches Versagen in der Luft hängt wie eine graue Wolke, als ginge es bei dieser Reise nur darum, mal wieder meine beschissene Schreibblockade zu brechen. Woran sie wohl gerade denkt?

»Woran denkst du gerade?«

»Ich frage mich, wie viel wohl eine Wolke wiegt.«

»*Wie bitte?*«

»Warte ...« Sie tippt auf ihrem Handy.

»Wie kommst du denn jetzt auf Wolken?«

»Der Himmel ist doch voll davon. Ah, hier ... Wenn wir mal davon ausgehen, dass eine durchschnittliche Kumuluswolke einen Kilometer lang und einen Kilometer hoch ist, macht das eine Billion Kubikmeter sehr feine Wassertröpfchen, also Nebel, und somit, warte ...«, ihre Finger fliegen über das Handydisplay, »... etwa eine halbe Million Liter Wasser, und die wiegen eine halbe Million Kilogramm, und das ist, als, warte ... als würden 166 Elefanten über uns schweben.«

»Ich mach mal Musik an.«

Mein iPod ist voller Cave-Musik, seine gesamte Diskografie, inklusive der Livealben, B-Seiten- und Raritätensammlungen, der Filmmusiken, Hörbücher und, zur Auflockerung – denn die Fahrt ist lang, 1166 Kilometer –, einiger von Caves Lieblingsalben. Ich fange von vorne an: ›From Her To Eternity‹.

Als der Orkan vorüber ist, dieses Wüten und Toben, dieser Sturm aus Drang und verzweifelter Lust, schaut Ixtzel mich an.

»Wow, du hast mir nie erzählt, dass du mal so hart drauf warst.«

»Na ja, also eigentlich bin ich ihm mit *The Boatman's Call* verfallen, seinem Klavieralbum, das kam sehr viel später. Brutal romantisch und tief traurig, da ist auch ›Into My Arms‹ drauf.«

»Ah, verstehe. Und du warst auch brutal romantisch und tief traurig?«

»Natürlich. Ich war 17 und noch dazu gefangen in der ostdeutschen Provinz. Punk gab's bei uns nicht. Es gab Metal oder U2 und Depeche Mode. Ich habe Progressive Rock gehört – Pathos, kontrollierter Eskapismus, total uncool. Cave war als Teenager übrigens auch mal Prog-Rock-Fan, und das ist nicht unsere einzige Gemeinsamkeit. Na ja, dann kam jedenfalls Steffen – zehn Jahre älter als ich, Lederjacke, kinnlange Haare, keine Bandshirts, sondern Hemden. Und der wurde mein bester Freund und musikalischer Mentor. Hat mir damals zwei Platten gegeben: *The Songs Of Leonard Cohen* und *The Boatman's Call*. Das hat alles verändert. Eine neue Welt. Cohen war eine Art Gott, unerreichbar in seiner aristokratischen Größe, aber in Cave konnte ich mich selbst erkennen – ein dünner, romantischer Mann, der mit sich, dem Leben und der Liebe ringt. Nur dass Cave dabei auch wütend war und sich für nichts zu schämen schien.«

»Ein Idol. Bisschen spät mit 17.«

»Kann ja nicht jeder mit vier schon ›Les Misé-ables‹ lesen.«

»Sorry.«

»Auf jeden Fall bin ich bald darauf mit Steffen in die große Stadt gefahren, nach Berlin, hab mir schwarze Hosen gekauft, Hemden, spitze Stiefel, dunkle Samtjacketts, alles gebraucht. Und alle Cave-CDs, die ich finden konnte.«

»Stimmt, damals gab's ja noch nicht mal Internet.«

»Es ging gerade erst los. Man las noch Musikmagazine. Das sind so Dinger aus Papier, wie Bücher, nur dünner, Hefte, in denen ...«

»... Sachen für Jungs stehen, die keine Mädchen kriegen.«

»Das gehörte eher nicht zu meinen Problemen.«

»Ich hätte mich sofort in dich verliebt.«

»1997 warst du zwei Jahre alt.«

»Na und?«

Wir rollen runter in den Talkessel, nach San Cristóbal de las Casas, der Stadt, in der wir uns das erste Mal begegnet sind, in der alles begann. Nächster Song: The Birthday Party – ›Release The Bats‹.

»Ich fang mal von vorn an, wir haben ja Zeit. Geboren wurde er in Warracknabeal als Nicholas Edward Cave. Nein, Warrackna*beal*. Und aufgewachsen ist er in Wangaratta, im Bundesstaat Victoria, dem südöstlichen Zipfel Australiens, wo's grün ist, mediterranes Klima, aber relativ viel Regen. Seine Mutter war Bibliothekarin, sein Vater Lehrer für englische Literatur. Klein-Nick war viel draußen, hing am Fluss rum, an den Gleisen, meistens mit seinem Freund Eddie Baumgarten. Manchmal fuhr Eddies Vater die beiden in den Busch, gab ihnen ein Sixpack Bier und eine Schrotflinte und befahl ihnen, auf alles zu schießen, was sich bewegte. Sie töteten unzählige apathische, an der Kaninchenpest erkrankte Kaninchen. Mit zwölf haben sie dann einen Saufclub gegründet, wahrscheinlich um das Trauma zu ertränken. Sie ließen sich von Taxifahrern Alkohol kaufen, versteckten sich irgendwo und soffen, bis sie kotzten. Zum Glück spielte Eddies Schwester Anne ihm, also Nick, bald darauf zum ersten Mal Musik von Leonard Cohen vor, *Songs of Love and Hate.* Bis dahin hatte er vor allem Blues, Prog-Rock, Country und das Easy-Listening-Hit-Duo The Carpenters gehört. Und Johnny Cash. Der war sein erstes Erweckungserlebnis. Er sagt, mit neun, aber das kommt zeitlich nicht hin. Auf jeden Fall noch als Junge hat er mit seinen Eltern die Johnny-Cash-Show im Fernsehen geguckt, und die ging immer damit los, dass dieser ganz in Schwarz gekleidete große Mann mit dem Rücken zum Publikum stand, sich plötzlich umdrehte und »Hallo, ich bin Johnny Cash« in die Kamera raunte. Caves Eltern wussten nicht, was sie davon halten sollten, ihr Sohn aber schon. Der fand, der Typ kam irgendwie böse rüber, und das fand er toll. Dass das geht, im Fernsehen, vor so vielen Leuten. Man kann also sagen, Cash hat ihm die Haltung gegeben und Cohen die Sprache. Musiker wollte er da aber noch nicht werden. Erst mal flog er von der Schule, weil er einem Mädchen das Höschen runtergezogen hatte. Seine Eltern schickten ihn aufs Internat nach Melbourne. Er wollte Maler werden und ging auch auf die Kunsthochschule, reichte aber nach dem ersten Jahr als Abschlussarbeit lediglich ein surreales Bild ein, auf dem ein Muskelmann vom Zirkus einer Ballerina unter den Rock guckt, und das war's dann. Sie schmissen ihn raus.

Er spielte in einer Band, um an Mädchen ranzukommen, er war sehr schüchtern. Die Band hieß

The Boys Next Door und nannte sich später in The Birthday Party um. Anfangs haben die recht gewöhnliches Zeug gemacht, geradlinig, druckvoll, im weitesten Sinne Post-Punk, wurden dann aber immer räudiger, bedrohlicher, kaputter. Nick war der Sänger, heulte aber eher, als zu singen, und die Texte erinnerten ein bisschen an seine Abschlussarbeit an der Kunsthochschule. Sein Vater fand das alles vor allem grauenvoll. Für ihn war Literatur die höchste aller Künste. Als Nick zwölf war, hatte er ihm die erste Seite von Nabokovs *Lolita* vorgelesen, um dem Sohn zu zeigen, wie viel Kraft und Schönheit Sprache haben kann. Diesen Moment sollte Cave nie vergessen. Leider hat sein Vater nie erlebt, wie der Sohn selber zum großen Sprachkünstler wurde – er starb bei einem Autounfall, als Nick neunzehn war. Nick hatte sich stets am übermächtigen Vater gerieben, der war jetzt weg, und das warf ihn aus der Bahn. Keine Ahnung, ob er da schon Heroin genommen hatte oder erst später. Drogen waren auf jeden Fall von Anfang an ein Thema, und Heroin war die Droge der Stunde und passte auch zur Musik. Das war alles so zügellos und apokalyptisch und auf eine zerschossene Art poetisch. Die

Typen drehten auf der Bühne vollkommen durch. Dagegen war Johnny Cash ein Fernsehprediger. Die Kunde von diesem wüsten Haufen drang bis nach London, und weil ihnen die australische Musikszene bald zu klein wurde, zog die Band genau dorthin, da war Cave dreiundzwanzig. London war das musikalische Mekka des Post-Punk, aber als Cave und seine Gang da ankamen, kam ihnen alles tot vor. Alles war grau, sie hungerten und froren in einer Kellerwohnung, wurden von Schwarzen verprügelt, die keine abgerissenen Australier in ihrem Viertel haben wollten, von denen einer sogar einen Cowboyhut trug, und in der Musikszene nahm sie auch kaum jemand ernst. Die Wut entlud sich in der Musik und auf den Konzerten, die zuweilen in Prügeleien ausarteten, Publikum gegen Band. Cave ist den Leuten quasi ins Gesicht gesprungen. Das Ganze entwickelte allerdings eine Eigendynamik. The Birthday Party wurde immer öfter als die »gewalttätigste Band der Welt« angekündigt, und die Leute schienen nur noch zu kommen, weil sie den Wahnsinn sehen wollten, worauf die Band keine Lust hatte, also spielte sie mit dem Rücken zum Publikum. Auch sonst ging's irgendwie nicht weiter, also zogen sie nach Berlin. Das war gut. Drogen gut, Musikszene gut, Stadt gut. 1983 veröffentlichten sie eine EP namens ›Mutiny‹ und lösten sich auf – persönliche und künstlerische Differenzen, vor allem aber zu viele Drogen. Wenig später gründete Nick mit seinem Freund und langjährigen musikalischen Partner Mick Harvey »Nick Cave & The Bad Seeds«.

»Was ich interessant finde …«, sagt meine Liebste.

»Das finde ich schon mal beruhigend, dass du das interessant findest.«

»… ist, dass der Typ so wütend war und ein einziges *Fuck You!,* du aber gar nicht so bist.«

Wir haben getankt und fahren aus San Cristobál runter in die Wolken. Ich war in der Tat nie wirklich wütend, eher genervt und ambitioniert, und meine Sehnsucht nach Anerkennung war von einem *Fuck You!* so weit entfernt, wie man nur sein kann. Und da geht's ja schon los.

»Ich will geliebt werden, deswegen klappt es auch mit dem Schreiben nicht. Cave hat mal gesagt: ›Ich könnte jedes Publikum dazu bringen, mich bis ans Ende meiner Tage zu lieben. Darin sehe ich einfach keinen Sinn. Ich wünschte, die Leute würden einfach ... sterben.‹«

»Seltsamer Ansatz. Nicht dein Ansatz.«

Ich glaube, das ist jetzt ein guter Moment, um ›(Are You) The One I've Been Waiting For‹ zu spielen. Als es vorbei ist, sagt Ixtzel: »Ein perfektes Liebeslied. Das Ende weht die ganze Zeit mit.«

»In Wien hat er 1998 zwei Vorträge zum Thema gehalten, *The Secret Life Of The Love Song,* und meinte, dass ein Liebeslied grundsätzlich ins Reich des Irrationalen gehört, des Absurden, Verstörenden, Obsessiven, weil die Liebe eine Form des Wahnsinns ist.«

»Kluger Mann.«

»Weiß ich heute auch. Ich wünschte, ich hätte ihn damals bei diesem Interview nicht gefragt, ob es nicht irgendwann mal langweilig wird, ständig Liebeslieder zu schreiben.«

»Ha, ha! Und, was hat er gesagt?«

»Hören wir lieber noch ein Liebeslied.«

Es läuft ›1 Let Love In‹ vom 1994er-Album *Let Love In* – damals lebte Cave mit seiner ersten Frau Viviane in São Paulo, und wir fahren in die Wolken und durch die Wolken hindurch in die Tiefebene von Chiapas, dem südlichsten Bundesstaat Mexikos, wo ich die Liebe meines Lebens gefunden habe und lernte, damit klarzukommen.

Die Lehrer haben die Mautstation besetzt, weil die Regierung eine Bildungsreform verabschiedet hat. Sie sollen nun Eignungstests machen und ihre Diplome nicht mehr vererben oder verkaufen dürfen, und das finden sie nicht gut, weswegen sie hier mit Knüppeln bewaffnet in der Flachlandhitze stehen oder die Hand aufhalten, um ihren Protest zu finanzieren. Auf dem Mittelstreifen brennen alte Reifen. Die Kinder waren seit zwei Monaten nicht in der Schule, und das sagt Ixtzel der streikenden Lehrerin, die Geld von uns will und ein rosafarbenes T-Shirt trägt, auf dem Hollywood steht. Die Frau sagt, dass es um etwas Größeres gehe als Kinder, und Ixtzel sagt was, das ich nicht verstehe, die Frau brüllt sie an, und ich fahre jetzt besser mal weiter. »Und glaubst du, dass er sich noch an dich erinnert?«

»Wer?«

»Na, Nick Cave.«

»Hoffentlich nicht.«

»Wo waren wir? Ach ja, Berlin. Damals noch *West*-berlin. Eine Insel im Osten voller Freaks, Wehr-dienstverweigerer und Künstler. Zum ersten Mal fühlten sich Cave und seine Gang willkommen. Alle machten irgendwas, alle hatten Ideen, alles schien möglich – und alle waren auf Speed. Das stärkste Zeug. So stark, dass es einen sieben Tage und sieben Nächte wach halten konnte. Viele hielten das nicht lange durch, gingen erst psychisch vor die Hunde, dann physisch. Ich wäre da wahrscheinlich schon nach einer Woche gestorben. Aber Cave war einer dieser Typen mit einer irren Kondition. Ich glaube, das hat auch was mit dem Kopf zu tun, mentale Stärke. Cave war da jedenfalls jahrelang wie im Wahn, veröffentlichte ein Album nach dem anderen, ging auf Tour, kam zurück, schrieb neue Songs und einen Roman. Er lebte in einem winzigen Zimmer in der Yorckstraße, schloss sich da über Wochen ein und tippte vor sich hin. Fummelte oft tagelang an einem Absatz rum, weil auf Speed *und* Heroin. Drei

Jahre brauchte er für *Und die Eselin sah den Engel* – eine Art Fiebertraum, düster, kaputt, biblisch und brutal. Und wieder weiter, als würden ihn tausend Teufel jagen. In Berlin, gleich zu Anfang, lernte er auch Blixa Bargeld kennen von den Einstürzenden Neubauten. Blixa wurde Nicks Gefährte und musikalischer Partner und brachte eine gewisse Schärfe in die Band. Zwei besorgniserregend dünne Vampire, die gemeinsam die Welt aussaugten und ihr in einem fort schwarz schimmernde Splittergranaten vor die Füße rotzten. Okay, vielleicht nicht immer Splittergranaten, Caves Songs wurden immer harmonischer. Am Ende seiner Berlinzeit entstand dann auch *The Good Son*. Auf dem Cover sitzt er im weißen Anzug am Flügel, umgeben von vier kleinen Mädchen in weißen Kleidern, und die Musik, na ja, fast schon hymnisch, schwelgerisch. Klavier, Streicher und Melodiebögen bis zum Mond. Da ist auch ›The Weeping Song‹ drauf, einer seiner größten Hits, ein Duett mit Blixa. Eines Abends kam Blixa ins Studio gerannt und brüllte: ›Die Mauer ist gefallen!‹ Und Cave so: ›Raus hier, verdammt! Ich singe einen Song ein!‹ Und zwar den ›Weeping Song‹. Kurz darauf flog er aus seinem WG-Zimmer, weil in der Bude nur noch Junkies rumhingen, zog zurück nach London, und weil man ihn dort mit Heroin erwischte, ging er auf Entzug, um nicht in den Knast zu müssen. Danach machte er acht Monate lang nichts, außer clean zu bleiben und, wie er sagt, sieben Filme am Tag zu gucken. Da war er längst zum Mythos geworden, kultisch verehrt. Ein Underground-Phänomen, das immer größer wurde. Die Presse nannte ihn ›Fürst der Finsternis‹, ›König der Fledermäuse‹, ›Rockpoet‹ und ähnlichen Quatsch. Journalisten fraß er zum Frühstück. Wer ihn nicht kompromisslos abfeierte, war der Feind. Der letzte Song auf *Your Funeral ... My Trail* ist ihnen gewidmet und heißt ›Scum‹. Alles klar? Jedenfalls, weg von den Drogen flog er mit der Band auf Tour nach Brasilien, stieg aus dem Flugzeug, Sonne im Gesicht, schnappte sich ein Bier, verliebte sich am zweiten Tag und blieb. Und Heroin gab's da auch. Zwei Jahre später wurde er zweimal Vater. Der erste Sohn wurde in Australien geboren, der zweite zehn Tage später in Brasilien.«

»Das ist jetzt Gossip«, sagt meine Liebste, während wir mit offenen Fenstern durch die Flachlandhitze gen Atlantikküste brausen.

»Na ja, ich will dich ja auch nicht mit Musikfachwissen langweilen.«

»Hast du dich schon mal gefragt, warum der Mensch Musik erfunden hat?«

»Nein, jetzt wo du's sagst ...«

»Also, es gibt da natürlich eine Menge Theorien. Hier die drei meiner Meinung nach schlüssigsten. Erstens: Musik wurde als ein Mittel zum Flirten erfunden. Zweitens: Sie war eine Art sozialer Kleber, um die frühen Menschen in Gemeinschaften zu binden. Drittens: Es war einfach ein Unfall.«

»Ich finde natürlich Variante eins am besten.«

»Was hören wir denn da?«

»›Straight To You‹ vom 1992er-Album *Henry's Dream,* das textlich von John Berryman beeinflusst war, einem seiner Lieblingsdichter. Und der Song ist natürlich ein Liebeslied. Guck mal, ein Esel.«

»Das ist kein Esel.«

»Was ist das dann?«

»Ein Maultier, eine Kreuzung aus Pferdestute und Eselhengst.«

»Oder Eselstute und Pferdehengst, das weißt du ja nicht.«

»Doch, es geht nur, wenn die Mutter ein Pferd ist und der Vater ein Esel. Andersherum kommt da ein Maulesel raus, und die sehen anders aus. Eseliger. Und was hören wir da gerade?«

»›Cocks 'n' Asses‹ von *B-Sides and Rarities*. Mal was ohne Gesang. Und das war auf jeden Fall ein Esel.«

»Ich finde ja, wie der singt, was er hoffentlich gleich wieder macht ... also, das muss man sich trauen.«

»Er hat ja jahrelang gedacht, er könne nicht singen. Erst auf der *Boatman's Call* hat er sich so richtig getraut und ich glaube auch Gesangsunterricht genommen, weil er keine Wahl hatte. War ja quasi nur Klavier und Stimme.«

»Können wir was davon hören? Hey, guck bitte auf die Straße!«

Wir hören ›People Ain't No Good‹.

»Ha, das kenne ich aus *Shrek 2*!«, sagt Ixtzel.

»Ja, okay ... Ist aber von der *Boatman's Call*.«

»Und von *Shrek 2*.«

»Liebste, können wir deine Leidenschaft für Blockbuster hier mal ausklammern? Das versaut mir meine Figurenzeichnung.«

»Als was für eine Figur willst du mich denn zeichnen?«

»Als die unfassbar kluge und vielseitig talentierte Frau, die du bist.«

»Kluge Menschen lieben Shrek. Nur Bobos wie du haben was gegen Blockbuster. Nick Cave liebt Blockbuster, jede Wette.«

»Wir waren bei seiner Stimme.«

»Gute Stimme«, sagt Ixtzel. »Sehr eigen. Sie hat was von einem Prediger, der den heißen Atem des Teufels im Nacken spürt.«

»Ja, eine herrliche Anmaßung. Muss man sich trauen.«

»Sag ich ja. Klaue mir in deinem Buch ja nicht meine Worte.«

»Natürlich nicht. Aber ist dir schon mal aufgefallen, dass alle großen Sänger und Sängerinnen in der Populärmusik eine Stimme haben, die man auch absurd finden kann, die immer haarscharf an der Grenze zur Lächerlichkeit balanciert? Bob Dylan, Cohen, Bowie, Nina Simone.«

»Aber darum geht's ja immer in der Kunst, die eigene Stimme zu finden und die dann mit Vorsatz und ohne Angst zu nutzen.«

»Stimmt, das sage ich dann im Buch.«

»Und klauen muss man. Immer alles klauen.«

»Woher weißt du das alles?«

»Ich bin schön, aber nicht dumm. Hey, das Lied ist jetzt aber von Elvis.«

»Ja, ›In The Ghetto‹, eine Coverversion vom ersten Bad-Seeds-Album *From Her To Eternity*.«

»Toll, wie er das singt. Wie ein überschminkter Theaterschauspieler. Wow, Gewitter und Regen! Und wir fahren durch die Wüste ...«

»Das ist ›Tupelo‹ vom zweiten Album, *The Firstborn Is Dead*. Tupelo, Elvis' Geburtsstadt, und sein Zwillingsbruder kam 35 Minuten vor ihm zur Welt, tot.«

»The Firstborn Is Dead ... Können wir da mal anhalten? Ich habe Hunger.«

Eine Betonhütte mit Wellblechdach mitten im Nirgendwo, würde in Deutschland höchstens als Garage durchgehen. Keine Gäste. Wir setzen uns an einen weißen Plastiktisch auf weiße Plastikstühle. Die Frau, die den Laden schmeißt, heißt Gloria und begrüßt uns, als würde sie seit Wochen auf uns warten. Im Fernseher auf dem Kühlschrank läuft eine Telenovela, in der eine Dame mit Vollbart unter Tränen mit einem Arzt redet. Neben dem Kühlschrank steht auf einem Tisch an der Wand eine Statue von Santa Muerte, der »heiligen Toten«, eine der wichtigsten Schutzheiligen Mexikos. Zu ihren Füßen brennende Kerzen, Blumen, zwei Coca-Cola-Dosen, Gebäck. Ixtzel legt ein paar Münzen auf den Altar, murmelt irgendwas und setzt sich wieder. Für uns gibt's Bohnen, Tortillas und Guacamole, die einzigen Gerichte ohne Tierzutaten. Und Coca Cola.

»Wusstest du, dass Nick Cave Vegetarier ist?«

»Süß«, sagt Ixtzel und spießt eine Bohne auf. »Ein Vampir, der kein Blut mag.«

Es ist kurz vor zwölf. Der Himmel ist von einem gleißenden Stahlblau und brennt auf uns herunter. Es ist so heiß, dass einem die Härchen in den Ohren knacken, wenn man länger in der Sonne stehen bleibt. Wir sind seit fast fünf Stunden unterwegs, und wenn unser 22 Jahre alter türkisfarbener Jeep Cherokee mitmacht, könnten wir es unter Umständen noch vor Anbruch der Dunkelheit bis nach Veracruz schaffen.

»So, jetzt fahre ich.«

»Auf gar keinen Fall.«

»Hey, das ist immer noch mein Auto.«

»Auf dem Papier. Du hast nicht mal einen Führerschein.«

»Ich bin Mexikanerin, so was brauche ich nicht. Komm schon, es geht doch immer nur geradeaus.«

»Das macht's nur schlimmer.«

»Ich bin mal mit einem Ford Lobo in sechs Stunden von San Cristóbal nach Mexiko-Stadt gefahren, tausend Kilometer. Da war ich fünfzehn.«

»Genau das meine ich. Süße, steigst du jetzt bitte ein? Meine Ohren knacken, ich brauche Fahrtwind.«

Ixtzel lässt sich auf den Beifahrersitz fallen, wirft ihre High Heels auf die Rückbank, drückt ihre Füße gegen das Handschuhfach, schließt die Augen und reißt sie sofort wieder auf, weil ich ›Scum‹ laufen lasse, Caves übersteuerten Hassrotzer gegen Musikjournalisten.

»Sag mal, können wir auch mal was anderes hören?«

»Wie, was anderes?«

»Na, nichts von Nick Cave zum Beispiel.«

»Ich hab hier noch zwei Hörbücher von ihm und etliche Filmmusiken, aber vor allem noch *Hunderte* Songs, die du noch *nie* gehört hast.«

»Oh Mann ...«

»Okay, hören wir halt mal nichts, und ich erzähle dir ein bisschen was über sein Arbeitsethos, das ist nämlich legendär, und überhaupt, wie der das alles macht, das ist doch interessant, findest du nicht?«

»Müssen wir jetzt etwa die ganze Fahrt über den Typen reden?«

»Na klar, darum geht's doch. Die Leser sitzen quasi auf der Rückbank, du hast ihnen gerade deine High Heels in die Gesichter gepfeffert.«

»Ist nicht dein Ernst! Das kannst du doch hinterher alles erfinden.«

»Hier wird gar nichts erfunden, das ist ein *Tatsachenbericht*.«

Ixtzel stöhnt auf und lässt ihre Sitzlehne nach hinten knallen, jetzt hat sie den Lesern also auch noch die Kniescheiben zertrümmert. Wie sie da so liegt mit geschlossenen Augen, langen schweren Wimpern, pechschwarzem Haar und schneewittchenweißer Haut könnte sie auch eine der Frauen aus einem Cave-Song sein, eine Betty, Lucy, Deanna,

Elisa oder Bee – mysteriöse Schönheiten, zu frei, zu wild, zu viel für die Welt und immer in Gefahr, denn »all beauty must die«.

»Wenn wir hier schon so monothematisch unterwegs sein müssen«, sagt Ixtzel schläfrig, »erzähl doch mal was von dir.«

»Wie, von mir?«

»Na ja, was hat dir denn so an ihm gefallen? Wie hat der dich beeinflusst, vielleicht sogar verändert. So was halt ...«

»Aber das interessiert doch keinen. Die Leser wollen –«

»Ist doch egal, was die Leser wollen. Glaubst du, dein Nicky Cavitsch denkt an seine Hörer, wenn er einen Song schreibt? So läuft das nicht. Das kann sogar ich dir sagen, dafür müssen wir nicht ... Ach, egal.«

Vielleicht hätte ich sie doch besser fahren lassen sollen.

»Hey, ist ja gut. Keine Ahnung. Ich hatte halt immer ein Problem damit, dass ich so dünn bin, und dann war da dieser dünne Typ und war so ... stark irgendwie. Und er schien sich für nichts zu schämen. Der hat sogar so unvorteilhafte Karikaturen von sich gezeichnet. Auf einer liegt er als dünner hässlicher Typ auf dem Rücken mit seinem halb steifen Pimmel in der Hand und einer Träne im Auge und hält ein Schild hoch, auf dem ›Help‹ steht, und wenn du 17 bist und ein dünner Typ ... weißt du?«

»Nein, davon weiß ich zum Glück nichts. Aber die Musik hat dir schon auch irgendwie gefallen?«

»Klar. Ich dachte nur, ich komme gleich mal auf den Kern beziehungsweise einen *Teilaspekt*.«

»Teilaspekt, verstehe ...«

»Aber vor allem die Musik, klar. Diese Dramatik, diese Wucht und Zärtlichkeit. Und die Haltung dahinter. Es ging immer um alles, und das in der totalen Überhöhung. Das war alles so überlebensgroß und anmaßend, und das ist natürlich genau das, was man braucht als Romantiker mit Minderwertigkeitskomplex in der ostdeutschen Provinz, weißt du?«

»Nein.«

»Ich meine, das war alles konkret genug, um mich damit identifizieren zu können, und theatralisch genug, um meinem Eskapismus ein paar Türen aufzutreten, hinter denen ich mich für meinen Eskapismus nicht schämen musste. Die große Liebe, das große Leiden, Revolverhelden, Mord und Totschlag. Große Gesten, schwarze Anzüge und Musik in Moll wie aus einer anderen Welt. Ich meine, wie kann man dem denn nicht verfallen?«

»Ja, ja, alles klar. Hast du den auch mal live gesehen?«

»Zehn Mal, mindestens. Und immer direkt vor der Bühne bei all den anderen Besessenen. Der Typ war mein Gott. Einer meiner besten Freunde hat mich immer Westentaschen-Nick-Cave genannt. Ich sah aus wie Caves kleiner Bruder. Er ist übrigens sechs Zentimeter größer als ich, 1,89. Und es gab ja so viel von dem. Als ich einstieg, hatte er schon zehn Alben am Start, ohne die der Birthday Party, dazu einen Roman und diverse Filmauftritte. Und dann die Literatur, die er las, die Musiker, die ihn beeinflusst haben, sein ganzes künstlerisches Universum, die Welt hinter seiner Welt. Und die Typen, mit denen er Musik gemacht hat, haben ja auch noch Musik gemacht – Kid Congo Powers, Hugo Race, Barry Adamson, Blixa Bargeld, Mick Harvey, Warren Ellis, Jim G. Thirlwell aka Foetus. Habe ich alles gehört. Und ja, es gab auch Frauen: Anita Lane, Lydia Lunch, PJ Harvey, Kylie Minogue. Okay, mit Kylie hatte ich als Snob im schwarzen Samtjackett natürlich nichts am Hut, was rückblickend ein Fehler war.

Ein bisschen Pop hätte mir sicher gutgetan. Aber es musste halt immer alles düster und melancholisch sein, dabei aber nicht jammerig und vor allem kein Gothic. Die Goths hat Cave ja immer gehasst, weil die so prätentiös sind. Pathos ja, Prätentiösität nein. Bei ihm stand halt auch immer dieses *Fuck You!* hinter allem. Das hat er auch von seiner Mutter. Vor ein paar Jahren wurde ihm von der Monash Universität in Melbourne die Ehrendoktorwürde verliehen, und da ging er mit seiner Mutter hin und war nervös, weil das da alles Wissenschaftler waren und er ja nur Musiker und Schriftsteller ist. Und was sagt ihm seine Mutter, bevor sie reingehen? ›Head high and fuck them all.‹ So ist die drauf. Und ob mich Cave verändert hat, weiß ich nicht. Auf jeden Fall hat er mir geholfen, eine Haltung zu finden und mit mir selber klarzukommen. Diese Haltung war natürlich letztlich auch eine Pose, und mit Anfang zwanzig war ich der langsam überdrüssig und wollte mit diesem ganzen Melancholische-Männer-Kram nichts mehr zu tun haben, und da passte es natürlich gut, dass Cave dieses *Nocturama*-Album rausbrachte, das ich irgendwie langweilig fand, und im Zuge dessen gab's ja dann auch dieses Interview, das erste und einzige Mal, dass ich ihm begegnet bin, und hinterher hat er mir diesen Satz gesagt, also ... Da war der Ofen auf jeden Fall erst mal aus, die Tür zu. Und das war letztlich auch gut so, obwohl dieser Satz immer noch, nun ja ... sticht. Habe ich dir noch nie von erzählt, oder? Willst du die Geschichte mal hören? Hey, Ixtzel. Sag mal, schläfst du?«

Die Straße schlägt eine Schneise durch die flache Buschlandschaft. Kaum Verkehr. Ixtzel schläft, und ich denke an mein Leben mit Nick Cave. Die wichtigsten Momente, die Greatest Hits – Nick und ich.

SOMMER 1997 – HETTSTEDT, SACHSEN-ANHALT

Eines dieser Wohnzimmerbesäufnisse in der Bude des Chefs unserer linken Aktionsgruppe. Ich bin siebzehn und trinke mir die Tristesse schön. Es läuft Ostrock. Ich bin der Jüngste. Meine Freundin hat Bulimie und lebt in einer Klinik, und ich bin in J. verliebt, was niemand wissen darf, weil man seine

Freundin, die in einer Essstörungseinrichtung lebt, nicht betrügt und schon gar nicht verlässt. Irgendwann falle ich über den Wohnzimmertisch, verschütte Rotwein auf dem Teppich, schlage mir an der Schrankwand das Kinn auf bis zum Knochen und schließe den Klafter mit Klebeband. Der Chef ist sauer, die anderen sind genervt, da kommt Steffen, den ich vor ein paar Wochen beim Plakatieren mit dem Chef in der nächstgrößeren Stadt das erste Mal getroffen habe. Wir reden über Musik. Er holt die *Boatman's Call* aus seinem Auto. Niemand hier will einen melancholischen Mann am Klavier hören, aber für mich gibt's jetzt nur noch diese Stimme, diese Musik in Moll, diese Worte. Eine Zustandsbeschreibung in Songtiteln: ›People Ain't No Good‹ / ›(Are You) The One I've Been Waiting For?‹ / ›Where Do We Go Now But Nowhere?‹ / ›Far From Me‹. Ich erwache auf dem Teppich. Auf dem Rotweinfleck neben mir liegt eine CD – *The Boatman's Call* – darauf ein Zettel: »Ich glaube, die brauchst du. Steffen.« So geht es zu Ende. So fängt es an. Der Sommer ist lang.

22. JULI 1998 – BONN, MUSEUMSMEILE

Erstes Cave-Konzert. Ich bin neunzehn. Anreise mit
Steffen. Gerade erschienen: *The Best Of Nick Cave &
The Bad Seeds*. (Cave hatte jedes Bad-Seeds-Mitglied
(auch die ehemaligen) gebeten, ihre Lieblingssongs
der zehn bisherigen Bad-Seeds-Alben auszuwählen.
Aus diesen Listen sollte dann das Best-of-Doppel-
album gebaut werden, aber nur Mick Harvey re-
agierte – seine Tracklist wurde unverändert über-
nommen.) Bonn also, Bundesrepublik. Das Konzert
findet auf dem Museumsplatz unter einem spitzen
Zeltdach statt und beginnt am helllichten Tag. Ich
kann kaum fassen, dass ich ihn gleich sehen werde,
und fühle mich ein wenig unwohl wegen der zahlreichen anwesenden Nick-Cave-Lookalikes, also
Typen wie mir. Auftritt Cave und Band. Von da an
nur noch verschwommene Erinnerungen. Bleiben-
der Moment: Ein Vogel hat sich unter das Zeltdach
verirrt und flattert über der Band herum. Cave singt
›The Weeping Song‹, hebt in typischer Predigerpose den rechten Arm, und hinter ihm steigt der
Vogel auf und fliegt davon, als hätte er ihm den Weg
gewiesen.

MAI 1999 – MAINZ

J. und ich trennen uns. Schon wieder. Ich hocke mit dem Rücken an der Tür meiner Einzimmerwohnung auf dem Boden und weiß, dass J. im Hausflur auf der Treppe sitzt. Irgendwann stehe ich auf, öffne die Tür, sie kommt rein, wir küssen uns und weinen und trennen uns noch mal. Sie sagt, dass sie jetzt geht. Ich sage, geh. Sie geht. Ich gehe zur Anlage und lege *The Boatman's Call* auf, reiße die CD aber nach den ersten Takten von ›Into My Arms‹ wieder aus dem Player, reiße alle meine Cave-CDs aus dem Regal, schmeiße sie auf den Grill auf dem Balkon, schütte Feuerzeugbenzin drauf und zünde sie an. Durch den beißenden schwarzen Qualm sehe ich J. unten neben ihrem Auto stehen und zu mir hochblicken. Ich sinke auf die Knie und kotze.

Am nächsten Tag gehe ich zu meinem Plattenhändler und kaufe alle Alben wieder neu. Drei Tage später bin ich wieder mit J. zusammen. Kurz darauf trennen wir uns erneut, diesmal wirklich. Fühle mich sehr lebendig.

11. JULI 1999 – MAINZ, VOLKSPARK

Cave gibt mit The Dirty Three, der Band von Warren Ellis, eine Solo-Show beim Mainzer Zeltfestival, und weil ich den Veranstalter für die Mainzer Rhein-Zeitung interviewt und ihn inständig darum gebeten habe, lässt er mich während des Soundchecks rein. Ich sitze mitten in diesem riesigen Zelt auf einem der weißen Stühle mit direktem Blick auf die Bühne, »as quiet as a mouse / for god is in the house«. Sonst sitzt hier keiner, auf der Bühne sind Cave, Ellis und die anderen und spielen Songs kurz an oder komplett durch. Hin und wieder kommt jemand ins Zelt, Fotografen, Leute vom Festival, und Cave scheucht sie alle raus. Mir wirft er nur hin und wieder einen Blick zu. Es ist unwirklich. Hier sitze ich, der einzige Zuschauer, und er singt da seine Songs, und dann ist es vorbei, und jetzt fällt's mir ein: Ich bin ihm vor diesem desaströsen Interview schon mal begegnet. Und zwar nach diesem Soundcheck, im Catering-Zelt. Ich war allein, wahrscheinlich auf der Suche nach Alkohol, für die Nahrungsaufnahme war ich viel zu aufgewühlt, als Cave reinkommt und sich was zu essen holt. Er nickt mir kurz zu und geht wieder raus, und ich denke nur: Der isst?

8. DEZEMBER 2002 – LONDON

Das Interview. Meine zweite Begegnung mit Nick Cave. Bei der ersten habe ich zum Glück die Klappe gehalten, bei der zweiten leider nicht. Dazu später mehr. Ixtzel erwacht ...

»Hey ...« Sie lässt ihre Lehne wieder hochknallen. »Wo sind wir?«

»Gerade durch Coatzacoalcos durch. Sollen wir kurz in Catemaco anhalten? Das liegt quasi auf dem Weg, und da gibt's Affen.«

»Ich liebe Affen!«

»Hast du was geträumt?«

»Ja, fahr mal rechts ran ...« Diese Hitze macht mich auch ganz wahnsinnig. Im Buch fahren wir dann kurz ran, beschließe ich, und treiben es auf der Motorhaube, die dafür viel zu heiß wäre, das muss ich dann erzählerisch umschiffen, aber ich kann jetzt nicht anhalten, die Affen warten. Ich lasse ›Babe, You Turn Me On‹ laufen – »Everything is falling, dear / Everything is wrong / It's just history repeating itself / And babe, you turn me on«.

Der Song geht zu Ende und Ixtzel sagt: »Das hat so viele Kontraste. Diese dahingetupfte Musik, alles fällt, alles ist falsch – ›and babe, you turn me on‹.«

»Das ist sein Hauptprinzip beim Songtexte-Schreiben: Er nimmt zwei gegensätzliche Dinge, in diesem Fall den Weltschmerz und die Lust, und zwischen diesen Polen entsteht dann die Spannung, der Raum.«

»Na ja, so macht man das halt, erfunden hat er das nicht. Habe ich eigentlich lange geschlafen?«

»Sieben Songs lang.«

Die Straße ist schmal. Links und rechts fliegen krakelige Bäume vorbei, Weideland ohne Kühe und unverputzte Betonhütten mit Wellblechdächern und Müll vor der Tür.

»Jetzt könnten wir eigentlich mal mit der Cave-Biografie fortfahren, findest du nicht?«

»Das habe ich doch alles schon längst gegoogelt.

Den Wikipedia-Eintrag von deinem Nickster kann man als Buch binden.«

»Aber da steht ja nur das Gröbste. Hier, ich spiel dir mal ›Where The Wild Roses Grow‹ vor, kennst du sicher.«

»Nein, noch nie gehört.«

»War in den Neunzigern ein Hit. Caves erster und einziger. Singt er mit Kylie Minogue. Das Video wird dir gefallen, genau dein Stil.«

Wir hören eine Weile zu. »Oh Gott, bringt der die um?«

»Ja. Er war in seinen Songs nicht immer nett zu den Damen. Da gab's durchaus den ein oder anderen Mädchenmeuchelmord. Der mit Kylie ist der berühmteste. Erschien 1996 auf der *Murder Ballads,* einem Album voller, man muss es so sagen, Mörderballaden. Tolles Ding. Sehr lustig auch. Caves Humor wird ja oft unterschätzt. Seine Texte waren oft so ins Groteske überdreht und voll von schwarzem Humor. Der Song jedenfalls war sein einziger Hit. Das Video lief bei MTV rauf und runter. Plötzlich war er im Mainstream angekommen, und die Chefs von MTV, die ihn zwanzig Jahre lang ignoriert hatten, nominierten ihn zum Best Male Artist, neben Leuten wie George Michael. Cave war irritiert. Eines Abends schrieb er dann einen Brief an den Sender, stoned, wie er sagt, und bat höflichst, seine Nominierung zu streichen. ›Meine Muse ist kein Pferd, und ich bin in keinem Pferderennen. ... Danke, aber ... nein danke.‹ Und das war's dann mit MTV.«

»Toll.«

»Auf dem Album gibt's noch ein anderes Duett, das hier.«

Wir hören ›Henry Lee‹.

»Das singt er mit PJ Harvey, und das Video ist interessant. Sie kommen sich beim Singen immer näher, es ist wie ein Tanz, und am Ende küssen sie sich – alles ein Take. Sie verlieben sich in Echtzeit vor der Kamera und waren dann auch ein Paar, das hat aber zum Glück nicht geklappt.«

»Warum zum Glück?«

»Weil er nach der Trennung so fertig war, dass er *The Boatman's Call* geschrieben hat. Es wurde gefeiert und gilt auch heute noch als sein Meisterwerk. Und kurz nach der Veröffentlichung begegnete er dann dem Model Susie Bick auf einer Modenschau im Natural History Museum in London, unter dem

Schwanz des Brachiosaurus. In den ersten Monaten haben sie sich nur Briefe geschrieben –«

»Wie wir!«

»Und Cave war auch ein bisschen skeptisch ...«

»Wieso *auch?*«

»... er hatte ja gerade Polly hinter sich und traute seinen Gefühlen nicht mehr, weil er wusste, wie schnell das Feuer wieder erlischt.«

»Und so ging's dir mit mir?«

»Ich habe mich ja auch ständig verliebt, und das mit dir war einfach zu viel, um wahr sein zu können. Ich war zumindest vorsichtig. In der Cave-Dokumentation, die wir heute Abend sehen werden ...«

»Ich gucke heute bestimmt keine Cave-Doku-mentation.«

»... beschreibt er seine Begegnung mit Susie so: ›Alles, wovon ich all die Jahre besessen gewesen war, Fotos von Filmstars, Jenny Agutter im Billabong, Anita Ekberg im Brunnen, Miss-World-Wahlen, Marilyn Monroe und Jennifer Jones und Bo Derek, Bolschoi-Theater-Ballerinas und russische Gym-nastinnen, die Mädchen auf dem heißen Beton im Schwimmbad in Wangaratta, das ganze Zeug, das ich gesehen und gelesen hatte, dieser endlose Strom an erotischen Daten – das alles kam in diesem Moment in einem einzigen großen Knall zusammen, und ich war ihr verfallen. Und das war's.‹

»Finde ich toll, dass er sie so zum Sexobjekt macht. Aber sag mal, wie hast du dir das denn alles gemerkt? Du kannst dir doch sonst nichts merken.«

»Na ja, nur die wirklich wichtigen Dinge eben. Und dann, er war so um die vierzig, kam er auch endlich vom Heroin los.«

»Wegen Susie?«

»Dazu sagt er: ›Den Entzug musste ich allein machen, aber dass ich die schönste Frau des Planeten geliebt habe, hat auf jeden Fall nicht geschadet.‹ Im Sommer 1999 haben sie dann geheiratet, während der Mondfinsternis.«

»Bei uns war's der Blutmond!«

»Und kurz darauf war sie schwanger, mit Zwillingen.«

»Wie's wohl unserem Kleinen geht?«

»Zum nächsten Konzert nehmen wir ihn mit.«

»Er kann ja am Bierstand warten«, sagt Ixtzel.

»Oder Bier *holen*.«

Ixtzel lacht.

»Susie hat Cave jedenfalls sehr gut getan«, sage ich, »und sie ist seine Muse. Sie haben einen Pakt, dass alles, was Susie und ihre Beziehung betrifft, Stoff für einen Song sein kann. Susie stellt zum Beispiel ständig die Möbel um.«

»Und da macht er dann einen Song draus?«

»Das kommt zumindest in einem vor, in ›The Sorrowful Wife‹ auf dem Album, das nach *The Boatman's Call* rauskam, *No More Shall We Part*. Ein weiteres Meisterwerk.«

»Klar, was sonst. Macht dein Nicky auch mal keine Meisterwerke?«

»Ja, aber erst später.«

»Boote! Boote!«, rufen die Männer an der Straße, die am See entlang durch Catemaco führt. Überall Bootsvermieter und keine Touristen. Wir entscheiden uns für einen uralten Mann, dessen Gesicht nur aus Lachfalten zu bestehen scheint, und steigen in eines der Holzboote mit Außenbordmotor, die hier überall am Ufer liegen. Wir wären lieber allein gefahren, aber niemand wollte uns sein Boot überlassen, und jetzt sitzt Ixtzel neben dem alten Mann und lässt sich über den Lärm des Motors hinweg Geschichten erzählen. Mein Spanisch kommt da nicht mehr mit, ich lehne mich zurück und blinzele in die Sonne, und wenn wir wieder anlegen, wird Ixtzel alles über diese Gegend hier wissen, das Leben des Alten und die Legenden, die sich die Leute hier erzählen. Da sind die Affen. Sie sind katzengroß und schwarz und lungern mit einer gewissen Fuck-You!-Attitüde in den Bäumen rum. Als wir wieder im Auto sitzen, lasse ich mir alles über die Gegend berichten, den Alten und die Legenden der Leute, und als Ixtzel fertig ist, sagt sie: »Erzählst du mir jetzt endlich von diesem Interview?«

»Ich war dreiundzwanzig. Das entschuldigt nichts, erklärt aber vielleicht das ein oder andere. Ich war seit drei Jahren Musikjournalist und hatte es endlich geschafft: ein Interview mit Nick Cave. Nur ein sogenanntes Roundtable-Gespräch, bei dem man mit anderen Musikjournalisten um einen Tisch sitzt, aber immerhin. Es waren die letzten Tage der goldenen Ära der Plattenfirmen, als man Musikjournalisten noch um die halbe Welt flog für das Konzert einer Band, aus der vielleicht mal was werden könnte. Mich transportierte man für das Interview vom Trans-Musicales-Festival in Rennes nach London, und ich weiß noch, dass ich wild entschlossen war, nicht als Fan vor Nick Cave zu sitzen. Meine Bewunderung für all die melancholischen Männer war mir mittlerweile supekt. Ich wollte weg von dieser Pose, und da traf es sich gut, dass mir sein neues Album *Nocturama* nicht gefiel. Cave wirkte irgendwie angekommen, und tatsächlich hatte er musikalisch ein Plateau erreicht, auf dem er dann ein knappes Jahrzehnt einfach sein Ding machte, ohne sich groß weiterzuentwickeln, und das war das genaue Gegenteil von dem, was ich wollte. Ich wollte nichts so sehr wie weiter, und dafür musste ich diese melancholischen Männer loswerden. Einerseits. Andererseits würde ich verdammt noch mal Nick Cave treffen. Ich war nervös wie ein Schnittlauchhalm neben einem Spiegelei und wollte es nicht sein. Auf keinen Fall würde ich voller Ehrfurcht vor dem Graf Dracula der Rockmusik erzittern, das war vorbei! Ein altes Fünfsternehotel im Zentrum von London. Feuer im Kamin der Lobby, roter Samt, vergoldeter Stuck. Cave schlenderte mit seinen beiden kleinen Söhnen und seiner unfassbar schönen Frau in die Lobby, als gehörte ihm der Laden, war aber natürlich auch nur ein Mensch, ganz klar, sah man ja. Später fuhr ich im Fahrstuhl nach oben mit fünf anderen Musikjournalisten und Musikjournalistinnen. Sie kamen aus Kroatien, Spanien, Italien und sonst woher, niemand sprach, alle schienen den Atem anzuhalten, es war lächerlich. Fand ich zumindest. Aus heutiger Sicht spricht wirklich nichts dagegen, einfach nur schweigend mit ein paar Fremden in einem Fahrstuhl zu stehen, aber damals habe ich die anderen auf dem Weg nach oben gebeten, die Hände auszustrecken. Sie guckten komisch, taten es aber, und sie alle zitterten leicht, nur ich nicht. Siegessicher betrat ich die Hotelsuite. Cave saß am Ende eines langen Edelholztisches, nickte uns leicht lächelnd zu und drehte sich eine sehr dünne Zigarette. Die Dame von der Plattenfirma hatte uns vorher gesagt, was wir alles nicht fragen durften, wie bei Interviewpartnern dieser Größenordnung üblich, und alle hatten brav genickt, ich vielleicht nicht. Jetzt also Audienz beim Papst, zwanzig Minuten. »Let's go«, sagt Cave und zündet sich die Zigarette an. Ich drehe mir auch eine, noch dünner. Kroatien fragt mit bebender Stimme nach dem textlichen Thema des neuen Albums oder so einen Käse und schiebt natürlich noch hinterher, wie toll es sei, das Album. Der Meister lächelt gnädig und erzählt irgendwas, und kaum dass er fertig ist, platzt es aus mir heraus: »Was soll das eigentlich mit dem Stadionrock? ›Bring It On‹? Im Ernst?« Totenstille. Cave starrt mich an. Dann sagt er was, ich weiß nicht mehr was, aber er hat sich ganz sicher nicht für diesen furchtbaren Song entschuldigt. Spanien fragt salbungsvoll nach Caves Gedanken zu was auch immer, und Cave gibt seine Gedanken kund, und ich lasse meine Kippe in die Wasserflasche fallen und frage: »Wird das nicht irgendwann mal langweilig mit den Liebesliedern?« Kroatien viertelt mich mit Blicken, Spanien hat einen Hustenanfall, Cave hält mit einer Geste die Plattenfirmenangestellte zurück, die von ihrem Sessel aufgesprungen ist, und jetzt wäre es natürlich gut, wenn ich noch wüsste, was er auf meine Frage gesagt hat, eine Antwort auf meine Frage war es bestimmt nicht. Ich bleibe dran: »Was würde der Nick Cave von vor zwanzig Jahren eigentlich zu dem Nick Cave von heute sagen?« »Die würden sich nie begegnen«, sagt Cave, »weil der Nick

Cave von damals nicht ins Naturkundemuseum gegangen wäre und der von heute nicht mehr in Kneipen rumhängt.« »Ja, aber –« »Nächste Frage.« Italien macht den Mund auf, doch ich bin schneller, beuge mich vor und will wissen, warum der Nick Cave von heute nicht mehr in Kneipen rumhängt, ob er dafür jetzt zu bürgerlich sei. Schweden guckt, als wolle sie mir mit dem Kristallaschenbecher, der vor Cave auf dem Tisch steht, den Schädel zertrümmern, und mitten in meinen Satz rein sagt Cave: »Du hast jetzt zehn Minuten Pause«, und wendet sich demonstrativ den anderen zu. Die stellen ihre Fan-Fragen, und wenn sie nicht sitzen würden, würden sie über den Teppich kriechen. Nach drei Minuten muss ich einschreiten: »Mr. Cave, ist es Ihnen manchmal unangenehm, wie ein Gott behandelt zu werden? Wird man da nicht einsam?« Den Hass der anderen könnte man jetzt in Scheiben schneiden und als Roastbeef ›Ressentiment‹ verkaufen. Cave dreht sich eine Zigarette und ignoriert mich, wendet sich lächelnd Portugal oder Kroatien zu, als hätte es mich nie gegeben, und dann ist die Zeit auch schon um. Auf dem Weg vom Tisch zur Tür, wo Cave steht und sich von jedem verabschiedet, muss ich einen kurzen Moment der Klarheit haben, vielleicht bin ich aber auch nur gerührt, dass er jedem die Hand gibt, auf jeden Fall sage ich, als ich als Letzter vor ihm stehe: »Hey, tut mir leid wegen der Stadionrock-Frage.« »Keine Sorge«, sagt Cave und tätschelt mir die Schulter. »Das ist das geringste deiner Probleme.« Ich schaffe es etwa zwei Minuten lang, mir diesen seinen Satz irgendwie positiv zu interpretieren – »das ist das geringste deiner Probleme«. Na klar, der hat mich erkannt und mir mit diesem Schulterklopfer zu verstehen gegeben, dass er bei mir ist. Auf der Straße vor dem Hotel schnall ich's dann endlich. Die Erkenntnis trifft mich wie ein Zehntonner, der über den Gehweg brettert: Nick Cave hat mir mit einem einzigen Satz die Kehle durchgeschnitten. Was bleibt, ist Scham, siedend heiße Scham, und der vergebliche Versuch, diesen Satz zu vergessen. Aber, hey, das ist das geringste meiner Probleme.«

»Hahaha!«
   »Ja, sehr lustig ...«
   »Hahahahaha!«

»Okay, hab's verstanden.«

Ixtzel schluckt ihr Lachen runter, guckt mich an und prustet los.

»So lustig ist das jetzt aber auch wieder nicht.«

»Was?« Sie ringt nach Luft. »Machst du Witze? Das ist der größte Interview-Fail aller Zeiten! Und die anderen Leute da am Tisch! Du hast ihnen allen das Interview versaut. Davon träumen sie bestimmt immer noch. Diese Fragen! Und das an Nick Cave. Nick *Cave!* Der hätte dich umbringen können.«

»Hat er auf eine Art ja auch.«

Ixtzel muss wieder lachen. Sie hat einen richtigen Anfall. Das ist sehr unüblich für sie und auch nicht angebracht.

»Hey, das ist quasi das Herz der Geschichte. Darum geht's! Dieses Treffen damals ...«

Das Wort »Treffen« löst unkontrolliertes Kichern aus.

»... und das Treffen heute, 15 Jahre später.«

»Ja, das ist super.« Sie lacht schon wieder, wahrscheinlich freut sie sich schon auf das Finale dieser Befragungsfarce – morgen Abend in Mexiko-Stadt.

»Was willst du ihm denn sagen?« Sieht aus, als hätte sie sich beruhigt.

»Wie wär's mit: Hallo, Mr. Cave, ich habe Sie vor tausend Jahren mal beleidigt, und würden Sie mir jetzt bitte Ihr künstlerisches Geheimnis verraten? Ich will nämlich seit Jahren meinen zweiten Roman schreiben, krieg's aber einfach nicht hin.«

Ixtzel überlegt kurz und nickt dann. »Klingt vernünftig.«

»Nein, keine Ahnung. Was würdest du denn sagen?«

»Hey, Nick, kann ich bitte Susies Nummer haben? Oder einfach eines ihrer Kleider?«

Okay, lassen wir das. Was ist eigentlich sonst noch so los? Draußen sehr viel Grün, milde, süßliche Abendluft, die ins Auto weht, und hin und wieder ein totes Tier am Straßenrand: Hunde, Geier, Schlangen, Gürteltiere, Leguane – mexikanische Safari. Das Kreischen der Papageien, das Blöken der Kühe, der Schrei eines einsamen Esels. Ixtzel schreibt irgendwas in ihr in blaue Seide gebundenes Notizbuch.

»Früher hat Cave auch immer alles vollgekritzelt, aber heute macht er sich kaum noch Notizen. Dabei arbeitet er mehr denn je. Er war schon immer sehr fleißig, fast schon besessen, aber nach der *Nocturama* ist er quasi explodiert. Ein Album nach dem anderen, Grinderman, das räudige Bad-Seeds-Nebenprojekt, Soundtracks mit Warren Ellis, drei Drehbücher, unter anderem das völlig durchgeknallte *Gladiator 2,* das nie verfilmt wurde, und sein irre lustiger zweiter Roman *Der Tod des Bunny Munro,* den er mal eben so auf Tour geschrieben hat.«

»Ist doch der Ex-Junkie-Klassiker. Arbeit als Ersatzdroge.«

»Ja, vielleicht sollte ich Junkie werden. Seit er vom Heroin weg ist, arbeitet er sehr strukturiert. Er lebt in einer Stadtvilla am Strand von Brighton und bis zum Tod seines Sohnes ging er jahrelang jeden Morgen in sein Büro, ein wundervoll vollgekramtes Arbeitszimmer, und das war ein ewiges Thema, dass Nick Cave wie ein normaler Mensch arbeiten geht. Ich meine, was erwarten die Leute denn? Dass er mit einer Nadel im Arm auf einem rotsamtenen Diwan liegt und mit einem schwarzen Federkiel und seinem Blut neue Texte schreibt?«

»Lass ihnen doch die Vorstellung. Ist doch hübsch.«

»Seinem Geheimnis kommt man so aber nicht näher.«

»Dem fällt bestimmt auch hin und wieder mal nichts mehr ein.«

»Ständig! Seit Jahrzehnten denkt er nach jedem Album: Das war's jetzt. Mehr habe ich nicht. Und dann setzt er sich trotzdem wieder hin, um Songs für ein neues Album zu schreiben, und es kommt – nichts. Manchmal sitzt er da wochenlang rum. Ich hätte nach drei Tagen schon aufgegeben. Aber genau darum geht's – ums Aushalten.«

»Guck, da hast du deine Antwort.«

»Ja, aber da ist noch mehr. *Wie* hält er das denn aus? Und wie schafft er es, dass das, was dann irgendwann kommt, auch noch so gut ist? Ich kann mir das nur mit Liebe erklären. Er liebt die Arbeit, das Erschaffen, und er liebt Sprache, Songs, Geschichten, Musik. Anerkennung ist sicher auch ein Antrieb, aber es geht ihm vor allem um die Sache, weniger ums Ego.«

»Und was willst du jetzt von ihm wissen?«

»Keine Ahnung. Vielleicht will ich ja einfach nur diesen dämlichen Satz aus dem Interview loswerden. Der soll mir gefälligst einen neuen sagen.«

»Wie wär's mit dem hier: ›Du musst deine Grenzen erkennen. Es sind deine Grenzen, die dich zu dem wunderbaren Desaster machen, dass du höchstwahrscheinlich bist.‹«

»Hat er das gesagt?«

»Ja …« Ixtzel wischt auf ihrem Handy rum. »Stammt aus einem Film über ihn, *20000 Days on Earth*.«

»Den gucken wir gleich.«

»Auf keinen Fall. Wenn wir in Veracruz sind, gucken wir uns Veracruz an.«

Ich lasse den nächsten Teil der Playlist laufen – die erste Dekade der 2000er, Songs von *Nocturama* bis *Grinderman 2,* dem Doppelalbum *Abattoir Blues / The Lyre of Orpheus* und *Dig, Lazarus, Dig!!!* von 2008. ›No Pussy Blues‹, ›We Call Upon The Author‹, ›O Children‹ – räudiger Rock, eine brillante Analyse des Autorenkults, ein Gospel. Das ist alles viel besser, als ich es in Erinnerung habe, wahrscheinlich *wollte* ich es damals einfach nicht mehr gut finden. Der Himmel sieht aus, als stünde er in Flammen. Bis nach Veracruz sind's noch 67 Kilometer, und Ixtzel sagt, dass sie aus dem fahrenden Auto springt, wenn sie auch nur noch einen Cave-Song hören muss.

»Dann eben seine Filmmusiken, *Lawless, Mars* –«

»Nichts von ihm, mit ihm oder auch nur im weitesten Sinne mit ihm In-Zusammenhang-Stehendes. Die Welt ist groß.«

»Meinetwegen. Dann spiel du doch jetzt was.«

Zack hängt ihr Handy am Autoradio. Ein verwehtes, von der Zeit zerkratztes Klavier, die sehnsüchtige Stimme eines traurigen Clowns – Agustín Lara. Unfassbar! Was für ein Zufall! Oder ist das Magie? Und warum ist diese Musik jetzt so schön? Als würde ein Kolibri durchs Auto flattern. Dagegen wirkt Cave wie eine brennende Kathedrale.

Lara singt gerade von einer kleinen Straßenlampe, die kaum die verlassene Straße erhellt, als der Fahrer im Auto vor uns das Warnblinklicht anschaltet und langsamer wird. Straßensperre. Brusthohe Betonwände mit Schießscharten. Armeegrüne Pick-up-Trucks mit auf den Ladeflächen montierten MGs. Männer in Uniformen, die Maschinengewehre halten und schusssichere Westen tragen und schwarze Skimasken. Einer leuchtet mit einer Taschenlampe in den Wagen vor uns, links und rechts flammen Flutlichtscheinwerfer und schneiden die Szenerie in ein gleißendes Weiß. Ixtzel wendet sich wieder ihrem Notizbuch zu, während ich nach den Papieren krame. Der Wagen vor uns fährt rechts ran. Ich rolle bis zu dem Typen mit der Taschenlampe. Ixtzel sagt guten Abend und fragt ihn, wie weit es noch bis nach Veracruz sei. Der Typ sagt: »Zehn Minuten.«

»Wollen Sie jetzt unser Auto durchsuchen?«

»Nein, ist schon okay. Fahren Sie einfach weiter.«

»Gut zu wissen, dann nehme ich nächstes Mal ein paar Knarren mit.«

Er lacht und winkt uns durch.

Über der Stadt hängt eine Glocke aus Licht. Ich fahre zum Zócalo, dem zentralen Platz der Stadt, an dem sich das Gran Hotel Diligencias befindet, wo ich uns ein Zimmer reserviert habe, aber nicht irgendein Zimmer, sondern das Zimmer von Agustín Lara, dessen Musik Ixtzel vorhin gerade angestellt hat. Ixtzel, die von dem Zimmer nichts weiß, dreht das nächste Lied von Lara lauter und schaut raus in die Lichter. Keine Ahnung, wie ich das aufschreiben soll, ohne dass es ausgedacht klingt.

In der Lobby fällt Ixtzel mir um den Hals. Es ist aber auch eine schöne Lobby. Alles Art déco, geschwungene Formen, indirektes Licht, antike Polstermöbel, Säulen mit Palmenblättern aus Stuck. Als die Rezeptionistin den Zimmerschlüssel auf den Marmortresen legt und uns stolz daran erinnert, dass Agustín Lara, der berühmteste Sohn der Stadt, einst in diesem Zimmer gelebt hat, entfährt Ixtzel ein kurzer Schrei. Ich ziehe sie an mich. Magic, Baby. Was soll man machen?

Das Zimmer ist auch nicht schlecht – lindgrüne Polster, ein Balkon mit Blick auf den Zócalo, und über dem Bett hängt ein Bild der Jungfrau von Guadelupe, der Schutzheiligen Mexikos.

Ixtzel wirft sich aufs Bett und sagt: »Sag mal, können wir uns das überhaupt leisten?«

»Na klar. Wir lassen die Kreditkarte knattern.«

Später gehen wir raus in die Stadtnacht. An jeder Ecke des Zócalo stehen Mariachis und musizieren. Ihre Lieder überlagern sich, alles mischt sich ineinander, und wir gehen ans Meer und blicken auf die alte Festung, essen rosa Zuckerwatte, kandierte Äpfel und Churros, setzen uns vor ein Restaurant am Zócalo, trinken Margaritas, skypen mit unserem

Kleinen und dem Kindermädchen und stolpern in unser Zimmer und vögeln unter der Jungfrau, während die Mariachis von der Liebe singen und der Sehnsucht, dem Sterben und Mexiko.

Als Ixtzel im Bad verschwindet, klappe ich meinen Laptop auf und erinnere mich, wie ich diesen Film das erste Mal gesehen habe. Das war vor vier Jahren, kurz nach seinem Erscheinen und kurz nachdem ich Ixtzel kennengelernt hatte – *20000 Days on Earth* lief auf dem San-Cristóbal-Filmfestival in einem Multiplexkino neben dem Supermarkt, und ich ging da allein hin, weil Ixtzel nach Hause musste, um ihrer Mutter ihre abendlichen Spritzen zu geben. Im Saal saßen höchstens zehn Leute, und ich war nur der alten Zeiten willen hier und weil ich nicht wusste, was ich sonst machen sollte. Ohne Ixtzel. Danach war ich wie benommen. Cave hatte mich wieder in seinen Bann gezogen, aber nicht mehr als Identifikationsfigur und Spiegel für meine adoleszenten Sehnsüchte und Leiden, sondern als Künstler und Mensch. Der Typ war so bei sich, so ausgeformt und groß und auf der Höhe seiner Kunst, dass er mir regelrecht Angst einjagte.

Ixtzel kommt aus dem Bad und sagt, dass sie keine Lust auf einen Film über Nick Cave hat. Zum Glück klopft es nun an der Zimmertür, der Champagner ist da.

Sie grinst. »Aber wenn er mir nach 15 Minuten nicht gefällt ...«

»... gucken wir *Shrek 3*.«

Natürlich verfällt Ixtzel sofort dem Zauber. Zum einen ist der Film extrem gut gemacht, sehr elegant, sehr stark, zum anderen sieht sie ihn nun, den Typen, über den wir den ganzen Tag schon reden – beim Aufstehen, Rumfahren, Musikmachen, beim Filmgucken mit seinen Söhnen, beim Psychiater. Der Film tut, als würde er einen Tag im Leben von Nick Cave dokumentieren, seinen zwanzigtausendsten, ist aber inszeniert und irgendwie auch nicht. Warren Ellis wohnt nicht in einem Cottage an der Steilküste, der Therapeut ist ein Therapeut, aber nicht Caves Therapeut (Hat er einen Therapeuten?), aber das Haus ist sein Haus, das Bett ist sein Bett, die Band ist seine Band, und sie nimmt ein neues Album auf: *Push the Sky Away* – jenes Album, mit dem sich Cave 2013 quasi neu erfunden hat. Kein Rock mehr, kaum Storys in den Texten, alles offener, loser, abstrakter. Das erste Album ohne Mick Harvey und ein großer Erfolg, der alle überrascht, vor allem Cave. Davon sieht man im Film jedoch nichts. Im Film sieht man Cave, wie Cave sich selbst sieht – als einen Mann der Worte und der Musik im ewigen Ringen um den magischen Moment, wenn aus Phrasen und Tönen etwas entsteht, das größer ist als das Leben. Der Künstler als Gott mit dem Wissen, dass er letztlich auch nur ein Narr ist – Sohn seines Vaters, Mann seiner Frau, Vater seiner Söhne, aber eben auch: Nick Cave – Maßanzug, Sonnenbrille, das Hemd offen bis unters Herz, am Steuer eines schwarzen Jaguars, auf dem Rücksitz lächelt Kylie Minogue, und im Studio singt ein Kinderchor »You've gotta just keep on pushing, push the sky away«. Ein Mann verschmilzt mit seinem Mythos, hinter der Maske ist nichts mehr, sie ist sein Gesicht geworden, und irgendwann sagt er tatsächlich diesen Satz: »Du musst deine Grenzen erkennen. Es sind deine Grenzen, die dich zu dem wunderbaren Desaster machen, das du höchstwahrscheinlich bist.«

2

»Und, wie läuft's?«

»Läuft, aber ist halt Arbeit. Harte Arbeit.«

»Wo seid ihr denn gerade? Und was ist das für ein Lärm?«

»Das ist kein Lärm, das ist Musik. Zwei ältere Herren in Smokings spielen Marimba, das Xylophon der Mayas. Und wir sind in Veracruz, sitzen vor einem alten Café, dem, warte mal ... Gran Café del Portal, gleich neben dem Gran Hotel Diligencias, in dem wir –«

»Klingt nach einer wirklich unmenschlichen Schufterei. Bestimmt scheint auch noch die Sonne.«

»Ja, sorry. Das ist aber auch das Einzige, das hier kein Geld kostet, was einer der Gründe ist, weswegen ich –«

»Nein, auf gar keinen Fall!«

Mein Lektor war mal ein legendär geduldiger Mensch. Dann hat er fünf Jahre lang alles versucht, damit ich meinen zweiten Roman an den Start kriege, und das muss ihn ein wenig, nun ja, aufgeraut haben.

»Fünfhundert Euro würden schon helfen. Gleich um die Ecke gibt's ein Western Union, du könntest also einfach –«

»Wir sind ein Literaturverlag und keine Bank. Und in deinem Vertrag steht, dass du die zweite Rate des Vorschusses –«

»Bei Abgabe, schon klar. Aber hey, seit wann lassen wir uns denn von Verträgen vorschreiben, wie wir zu leben haben?«

»Seitdem du deinen letzten Vertrag gebrochen hast. Du schuldest uns immer noch einen Roman oder eben ■■■■■ Euro. Also: Nein! Was macht eigentlich Ixtzel?«

»Die sitzt hier neben mir und winkt.«

»Sag ihr, dass ich ihr und eurem Sohn jederzeit zwei Tickets nach Köln buche. Kein Problem. Ich kann sie jederzeit da rausholen.«

»Die beiden sind das Beste an meinem Leben, und das willst du mir nehmen?«

»Du gibst mir ja sonst nichts.«

»Ich bin doch dabei! Aber es kostet halt alles ...«

»Warum steigt ihr nicht einfach in einem Hostel ab?«

»Wir sind auf dem Weg zu Nick Cave und sollen in einem Zimmer voller Rucksacktouristen pennen? Was sollen denn die Leser denken?«

»Dann schreibst du dein dämliches Grand Hotel da halt einfach *rein!*«

»Das wäre aber eine Lüge.«

»Du hast das mit der Literatur immer noch nicht verstanden ...«

»Mann, das ist hier ein Sachbuch, ein *Tatsachenbericht!* Und deswegen rufe ich außerdem an. Ich frage mich nämlich, wie viel von meiner Schreibkrise da rein soll. Das will doch alles keiner wissen.«

»Doch, das will der Leser wissen, weil es dich nämlich noch mal auf einer tieferen Ebene mit Nick Cave verknüpft. Er, der Alleskönner, und du, der Vollversager ...«

»Danke, das motiviert.«

»... der dann hoffentlich vom Meister höchstpersönlich diesen einen Schlüsselsatz gesagt bekommt, der dann endlich den Knoten löst.«

»An dieses Bild müssen wir aber noch mal einen Lektor ranlassen.«

»Und versuche dich ja nicht in Witzigkeiten zu retten. Und wehe, du jammerst. Vor allem wollen wir ein grandioses Finale!«

Wir fahren wieder auf der 180 gen Norden. Rechts von uns eine schier endlose Wand aus Büschen, zwischen denen nie das Meer durchblitzt, und um uns die Stimme von Nick Cave, der aus *Der Tod des Bunny Munro* liest, aber eigentlich spielt er das Buch. Er wirft sich in jede Satzkaskade wie ein Surfer in einen Wellentunnel. Das alles ist so voller Kraft, Witz und leichtgängiger Großartigkeit, dass einem schwindelig wird. Und dass er das Ding auf Tour geschrieben hat, macht die Sache auch nicht besser. Der Typ hat doch wie Robert Johnson seine Seele an den Teufel verkauft, anders ist das doch alles nicht mehr zu erklären. Ich blende die Wörter aus und verliere mich in der Melodie seiner Stimme und der Musik im Hintergrund – denn natürlich hat er mit Warren Ellis auch noch einen Soundtrack zu seinem Roman eingespielt und das alles in einer Art

3-D-Klang abmischen lassen, total innovativ, total genial.

»Der Typ ist ein ganz schönes Ferkel«, sagt Ixtzel.

»Wie bitte?«

»›Ein halb nacktes Schulmädchen mit einem keksgroßen blauen Fickfleck über dem Steiß‹?«

Wir sind im dritten Kapitel. Bunny Munro, Handlungsreisender für Hautcremes, fährt am Strand entlang und sieht überall Fickfleisch.

»Man darf den Autor nicht mit seinem Protagonisten verwechseln.«

»Vielleicht ist dieses Buch ja auch die Fortsetzung der Zeichnung, wegen der er von der Kunsthochschule geflogen ist. Er kann's halt nicht lassen, der Ballerina unter den Rock zu gucken.«

Mir egal. Das Buch ist der Wahnsinn. Ich würde für den Rest meines Lebens nur noch Tortillas essen, um so schreiben zu können. Da fällt mir ein Nick-Cave-Moment ein, den ich vorhin vergessen habe:

17. OKTOBER 2009 – KAMPNAGEL, HAMBURG

Cave liest aus *Der Tod des Bunny Munro* und spielt zwischendrin ein paar Songs mit Warren Ellis und dem Bad-Seeds-Bassisten Martyn P. Casey. Dann kommt Blixa Bargeld, der die Bad Seeds sechs Jahre zuvor verlassen hat, liest die deutsche Übersetzung und singt mit Cave ›The Weeping Song‹. Historischer Moment. Und später sagt Cave im Frageteil des Abends: »Einen Song zu schreiben ist wie eine Melone durch ein Nadelöhr zu pressen, einen Roman zu schreiben hingegen ist einfach – die reinste Freude!«

Der Verkehr stockt. Ich drehe die Lautstärke runter. Wir fahren in Schrittgeschwindigkeit an einem weißen Pick-up-Truck vorbei, der auf dem Dach im Straßengraben liegt. Am Straßenrand liegt unter einer grauen Decke eine menschliche Gestalt. Leute stehen herum und machen Fotos mit ihren Handys, und ein Mann mit Schnauzbart und Sonnenbrille winkt mit einer roten Schirmmütze die Autos weiter.

Am Himmel hängt eine Decke aus bleigrauen Wolken so tief, dass die Antenne unseres Jeeps daran entlangzukratzen scheint. Ixtzel liest irgendwas auf ihrem Handy. Es läuft Caves und Ellis' Sound-

track zu *The Road,* der Verfilmung des apokalypti-
schen Romans von Cormac McCarthy, nach dessen
Lektüre man mindestens drei Wochen lang keinen
Roman mehr lesen kann, und auch der Film, ge-
dreht von Caves Freund John Hillcoat, reißt einem
das Herz raus – jetzt dumpfe Trommeln, schabende
Celli, eine wehe Geige, und ich werde das Bild von
diesem Körper unter der Wolldecke nicht los. Ich
habe in meinem Leben erst zwei Tote gesehen: meinen kanadischen Onkel und meinen Freund Nils,
beide aufgebahrt in einem Beerdigungsinstitut. Dagegen Ixtzel – einen Kopf auf der Straße zu den Py-
ramiden von Palenque, eine ausgeweidete Mäd-
chenleiche vor ihrem Haus, Tote in der Pathologie,
im Wald, im Fluss, an Brücken, in ausgebrannten
Autowracks. Als Kind hat sie Pistolenpatronen auf
die Gleise gelegt, ich Münzen. Mit 14 hat sie das
erste Mal in den Lauf einer Knarre geguckt, und ich
hörte Cave – »Stag put four holes in his motherfu-
cking head« – und fühlte mich verwegen.

Seit Stunden dieselbe Landschaft – Büsche,
Bäume, flaches Land. Wir fahren die schnurgerade
Straße entlang durch diese süßliche Schwüle immer
weiter ins Herzland Mexikos mit seinen Massen-

gräbern und weinenden Müttern, in die Korruption, den Krieg, die kaputte Welt. Der Europäer will rauchen, weil er weiß, dass hier zu jeder Zeit alles passieren kann, seine mexikanische Frau tuscht sich ungerührt die Wimpern, weil sie das alles schon so oft überlebt hat. Die Musik – der Soundtrack zu *Die Ermordung des Jesse James durch den Feigling Robert Ford* – passt dermaßen perfekt, es nervt ein bisschen. Ich fange wieder an, von Cave zu erzählen, wie er das alles macht, dass es vor allem immer Arbeit ist, wie er sagt, ermüdend harte Arbeit, und dass Arbeit für ihn generell etwas Romantisches und Nobles hat und er in Ellis jemanden gefunden hat, der genauso besessen davon ist. Es ist eine Sucht, sagt Cave, je mehr man gemacht hat, desto mehr will man machen, und dass er sich nie seine fertige Musik anhört, weil er eine schreckliche Angst davor hat, nie wieder dieses Gefühl erwecken zu können, wenn er zu genau hinguckt. Dass er seine Inspiration überall findet – »im Schönen und Hässlichen, in guten Filmen und schlechten, guter Musik und schlechter«. Dass er, seit er mit Susie zusammen ist, auch deswegen nur noch in seinem Büro arbeitet, weil er ihr diesen kreativen Prozess nicht zumuten will, »das

Schreien und Auf-dem-Boden-Kriechen, das Haare-rausreißen und Fluchen.«

»Wusstest du«, sagt Ixtzel, »dass man 150 Kalorien verbrennt, wenn man seinen Kopf eine Stunde lang gegen eine Wand haut?«

»Meinst du, er ist deswegen so dünn? Und wusstest du, dass er ein großer Charlie-Chaplin- und Buster-Keaton-Fan ist?«

»Und wusstest du, dass der Erfinder des Frisbees nach seinem Tod eingeäschert wurde und man aus seiner Asche Frisbees gemacht hat?«

»In Caves Geburtsstadt wird übrigens bald eine überlebensgroße Bronzestatue errichtet – Cave mit Lendenschurz bekleidet auf einem sich aufbäumenden Pferd, eine Fackel hochhaltend.«

»Und wusstest du, dass die Milch von Nilpferdmüttern rosa ist?«

»Und wusstest du, dass Nick Cave eigentlich braune Haare hat, die er sich seit Teenagerzeiten schwarz färbt?«

»Willst du mal hören, wie die Sonne klingt?«

»Ja.«

Sie reißt mitten im Stück mein Musikabspielgerät vom Kabel, stöpselt ihr Handy ein und spielt eine

Aufnahme der NASA ab – ein an- und abschwellendes, vibrierendes Brummen, wie ein zerfasertes Om.

Ich habe wieder Cave-Verbot. Wir hören Juan Gabriel, den größten Sänger und Musiker Mexikos, sein 1990er-Livealbum aus dem Palacio de Bellas Artes – Mariachis, Chöre, Orchester! Jeder Mensch sollte mindestens einmal im Leben das Video zum neuneinhalbminütigen ›Hasta Que Te Conocí‹ gesehen haben. Ixtzel dreht die Lautstärke hoch bis zum Anschlag und singt mit, als stünde sie selbst auf der Bühne. Der Himmel reißt auf, Sonnenlicht flutet über die vertrockneten Felder, die dürren Bäume, die kahlen Hügel in der Ferne, das große weite Nichts, und da vorne ist Puebla, gleich zweigt sich der Highway, wir müssen nach rechts, aber Ixtzel will nach links, weil, wie sie sagt, mal wieder der Popocatépetl ausbricht, der heilige Vulkan Mexikos.

Zweieinhalb Stunden später sitzen wir am Ende einer Schotterpiste auf der heißen Motorhaube unseres Jeeps und beobachten die riesige Rauchsäule, die aus dem schneebedeckten Vulkan in den Himmel schießt, während ein dumpfes Grollen zu uns herüberrollt und die Erde sachte bebt.

»Und schau da hinten«, sagt Ixtzel, »das ist der Iztaccíhuatl, das heißt ›weiße Frau‹ in Nahuatl, der Sprache der Indigenen, weil er wie eine schlafende Frau aussieht und immer mit Schnee bedeckt ist. Er ist ein erloschener Vulkan und mit dem Popocatépetl, dem ›rauchenden Berg‹, über einen Bergkamm verbunden, siehst du? In der Mythologie der Azteken waren diese beiden Vulkane einst Menschen – der junge Krieger Popocatépetl und Iztaccíhuatl, die schöne Häuptlingstochter. Sie liebten einander, und Iztaccíhuatls Vater stellte Popocatépetl eine Bedingung: Um seine Tochter zur Frau nehmen zu können, musste er in den Krieg gegen einen verfeindeten Stamm ziehen und siegreich zurückkehren. Popocatépetl machte sich auf, und Iztaccíhuatl blieb wartend zurück, aber Popocatépetl hatte einen Rivalen, und der ließ dem Häuptling mitteilen, dass der Held im Kampf gefallen sei. Als Iztaccíhuatl vom Tod ihres Geliebten erfuhr, wurde sie krank und starb an gebrochenem Herzen. Kurz darauf kehrte Popocatépetl als Sieger zurück, erfuhr vom Tod der Häuptlingstochter und war zerstört. Er trug ihren Körper in die Berge, errichtete einen Scheiterhaufen und verbrannte neben ihr. Die Götter waren so ergriffen, dass sie die beiden Liebenden in Vulkane verwandelten, damit sie doch noch zusammen sein konnten. Und das sind sie bis heute – Popo wacht über seine schlafende Geliebte und speit hin und wieder Asche, um die Menschen daran zu erinnern, dass er seine Izta nie verlassen wird. Quasi die krassere Version von Romeo und Julia ...«

Unablässig schießt der Rauch aus dem Krater in den blauen Himmel, und jeden Moment kann der Berg explodieren, Lava speien und alles vernichten, und wir küssen uns und bleiben noch ein bisschen sitzen.

Das Transparent hängt an einer Fußgängerbrücke über einer Straße in einem Vorort von Mexiko-Stadt, der La Paz heißt, der Frieden. In der Mitte des länglichen laminierten Lappens prangt ein Foto von zwei enthaupteten Leichen, darunter steht Text, und ich halte mich am Lenkrad fest und fahre weiter, blicke in den Rückspiegel, aber kein Polizei-

auto nirgends, kein Menschenauflauf, da hängt einfach nur dieses Ding über der Straße, und die Leute
gehen in den Supermarkt oder fahren nach Hause
oder in die Stadt zu einem Konzert. Ixtzel zuckt mit
den Achseln. So was kennt sie schon aus San Cristóbal.

»Was stand da denn drauf?«

»›An alle, die ihren Dreck unter unserem Na-
men machen: Das hier passiert mit euch‹ – dann
das Foto und: ›Macht nicht unser Kartell für eure
Verbrechen verantwortlich. Wir sind Narcos, keine
Terroristen.‹ Und die Rechtschreibung … süß.«

Ein paar Hundert Meter weiter bleiben wir an
einer Kreuzung stehen, während eine Prozession
vorüberzieht – Männer, Frauen und Kinder mit
Kerzen und Heiligenbildern in den Händen, ge-
folgt von einem bis auf die Windschutzscheibe mit
Blumen behangenen Pick-up-Truck, auf dem eine
Statue steht, irgendein Santa Soundso. Neben der
Statue werfen Mädchen mit Blumen in den Haa-
ren lachend Blumen auf die Straße, und hinter dem
Truck trottet eine Horde Jungen und Männer mit
Posaunen, Trompeten, Trommeln und Pauken und
macht Krach.

Als ich Ixtzel vor vier Jahren kennengelernt habe und versuchte dieses Land zu verstehen, sagte sie: »Tod und Blumen, das ist Mexiko.« Ein einziger Antagonismus, und zwischen den Gegenpolen brennt es, lebt es, wie bei Cave. Schönklang und Lärm, Sehnsucht und Wut, Schuld und Sühne, Liebe und Tod. Früher musste man Pathos mögen, um ihm folgen zu können, und den mögen die Sehnsüchtigen, denen das eigene Leben zu klein und zu eng ist, die da rauswollen, darüber hinaus, es aus eigener Kraft aber nicht schaffen. Cave nahm uns an der Hand. Er war Theater, große Oper, Romantik, Raserei und Untergang. Ein Moritatensänger in Predigerpose, der sich für uns ins lichterlohe Leben warf, um dann darin zu verglühen. Bei ihm wurde alles zur griechischen Tragödie, zur blutigen Groteske oder zu einem weltwunden Flehen, und in dieser Überhöhung weitete sich auch unsere eigene kleine Welt. Bochum sieht einfach ganz anders aus mit Cave im Ohr. Auf *Push the Sky Away* veränderte er dann die Formel. Er erzählte keine Geschichten mehr, sondern gab uns Bilder, Szenen, Fragmente, öffnete den Raum für eigene Gedanken. Er nahm einen nicht mehr an der Hand. Und die Musik kam fast ganz ohne Gitarren aus. Rockmusik war das nicht mehr. So hat er einige Fans verloren und viele neue gewonnen, vor allem konnten die, die geblieben sind, mit ihm wachsen, und das ist ja bekanntlich das Geheimnis eines gut gelebten Lebens – Entwicklung, Wachstum und der ewige Wille zum Weiter.

Und weiter geht's, immer tiefer in die Hauptstadt rein, in den Moloch, der allerdings, je weiter man vordringt, immer sauberer wird. Im Zentrum tut nichts mehr weh, sind die Häuser alt und schön, hängen keine Narco-Botschaften über der Straße, regeln Ampeln und Polizisten den Verkehr, und in die Seitenstraßen fahren wir nicht. Wir fahren zum Zócalo, weil ich nicht weiß, wo ich sonst hin soll und kein Zimmer gebucht habe. Vor einem vierstöckigen Prachtbau mit stuckverzierter Fassade, direkt gegenüber vom Regierungspalast, steht ein Portier mit rotem Frack und schwarzer Melone. Er wirkt ein wenig irritiert, als unser verstaubter alter Jeep vor ihm hält. Die Lobby des Gran Hotel Ciudad de México sieht aus wie der Grand Central Terminal in

New York und ist nur unwesentlich kleiner. Eine Junior Suite kostet umgerechnet 200 Euro. Wie lange wir bleiben wollen, fragt die Dame an der Rezeption. Mindestens zwei Tage, sage ich und bitte um eine offene Rechnung, bezahlt wird zum Schluss. Jetzt müsste sie eigentlich meine Kreditkarte wollen, die ganz sicher nicht mehr funktioniert, ich würde so tun, als könnte ich mir das nicht erklären, und wir hätten es zumindest versucht, aber sie will meine Kreditkarte nicht, nur meinen Pass, den sie kopiert.

Die Kleiderwahl der in der Lobby herumlungernden Gäste kontrastiert wie so oft an derartigen Orten aufs Betrüblichste das Ambiente – Jeans, Trekkingklamotten und andere praktische Egal-Outfits. Zum Glück trägt Ixtzel ihr kurzes weißes Seidenkleid, das voller Salsaflecken ist; sie sieht aus, als sei sie durch eine MG-Salve gelaufen. Nachdem sie unsere neue Bleibe bewundert hat (die goldgerahmten Spiegel lassen sich leider nicht klauen), vögeln wir unter der Dusche und ziehen uns an. Wie immer in großstädtischer Umgebung trage ich meinen anthrazitfarbenen, maßgeschneiderten Anzug mit Weste, und an dieser Stelle muss ich wohl mal kurz auf Caves Kleidungsstil zu sprechen kommen, über den es jedoch nicht viel zu sagen gibt. Seit Mitte der Neunziger trägt Cave eng geschnittene schlichte Anzüge, wofür er sich ständig erklären muss, dabei ist alles ganz einfach: Ein Anzug ist die perfekte Antwort auf die leidliche Kleidungsfrage. Er gibt seinem Träger Form und Haltung und suggeriert Seriosität. Zudem ist er sehr bequem, wenn er gut sitzt.

Wir gehen in ein nach altem Fett riechendes chinesisches All-you-can-eat-Restaurant und später in eine edel ausgeleuchtete Bar, in der wir uns auf einem dunkelroten Ledersofa an dieses Thema wagen, das ich seit anderthalb Tagen meide: den Tod von Caves Sohn Arthur.

Neun Monate nach dem Erscheinen von *20000 Days on Earth* stürzte er auf LSD von einer Steilklippe in Brighton und starb. Es gibt so viel zu sagen und doch nichts. Es ist ein unvorstellbares Grauen, das Schlimmste, was einem Menschen widerfahren kann, und die Frage ist, wie man nach einem solchen Schicksalsschlag weitermacht und wieder zurück ins Leben findet.

Eine Woche nach Arthurs Tod beschloss Cave, wieder zu arbeiten – aus einer »bizarren Verantwortung« gegenüber den Menschen in seiner Umgebung heraus und weil er nicht wusste, was er sonst tun sollte. Was er wusste, war, dass er, wenn er liegen bleiben würde, nie wieder aufstehen würde. Er sagte zu Warren: »Wir machen einfach weiter mit dem, was wir gemacht haben.« Und das war: ein Album aufnehmen und darüber einen Film drehen lassen. Der Regisseur ist ein Freund von Cave und sicherte ihm für den Film ein Vetorecht zu, also widerstand Cave dem Impuls, sich zu verstecken, und versuchte zu arbeiten, während die Kameras liefen. Doch nichts funktionierte, alles klang falsch, und man sieht ihn in diesem Film beim Scheitern zu und wie aus dem Schmerz dann doch Songs gerinnen, man sieht Männer in schwarzen Anzügen bei der Arbeit, man sieht eine Frau, die versucht zu lächeln, und neben ihr einen Teenager, Earl, Arthurs Zwillingsbruder. Das alles in Schwarz-Weiß, und im Off spricht Cave: »Die meisten von uns wollen sich nicht verändern. Warum auch? Letztlich modifizieren wir nur das ursprüngliche Modell. Wir bleiben, wer wir sind, und werden dabei lediglich und hoffentlich bessere Versionen unserer selbst. Aber was, wenn ein Ereignis eintritt, das so katastrophal ist, dass du einfach ein anderer wirst?« Der Film heißt *One More Time With Feeling*. Wir sehen ihn auf dem Sofa unserer Suite. Alles an diesem Film tut weh, gleichzeitig wohnt ihm aber auch etwas Heroisches inne. Wie alle hier versuchen, der Trauer und dem Schmerz zu trotzen, und die bloße Tatsache, dass Cave, der sich immer inszeniert hat, sich im Moment seines größten Schmerzes den Kameras preisgibt, obwohl er fürchtet, damit auf eine Art den Tod seines Sohnes auszubeuten – nie hat er mehr mit dem Leben und seiner Kunst gerungen. Der Mann, die Maske, der Mythos – alles zerschmettert. Als er *One More Time With Feeling* das erste Mal sieht, hasst er sich darin, mag jedoch Susie in ihrer rohen Aufrichtigkeit. Ihr geht es umgekehrt genauso. Sie lassen den Film, wie er ist. Er erscheint mit dem Album *Skeleton Tree* im September 2016. Das Album ist düsterer und sperriger als jedes zuvor – die Songs wirken skizzenhaft, wie mit letzter Kraft abgerungen, Splitter eines Schmerzes, der jeden Gestaltungswillen und Drang erstickt hat. Und trotzdem bricht zuweilen Licht durch die Risse, weht ein Hauch Hoffnung durch Finsternis, bäumt sich die Schönheit auf. Schutzloser als auf *Skeleton Tree* kann Musik nicht sein. Das Album wurde gefeiert und war ein großer Erfolg, und der Film hatte Folgen: Cave und seine Frau bekamen unzählige Zuschriften von Menschen, die ihre Geschichten von Verlust und Trauer teilen wollten. Nick und Susie erkannten, dass sie nicht allein waren, dass es da draußen sehr viele trauernde Menschen gab – und das war der erste Schritt zur Heilung. Der zweite begann mit einer weiteren Entscheidung gegen den Impuls, sich zu verstecken. 18 Monate nach Arthurs Tod ging Cave wieder auf Tour, und zwar in seiner alten Heimat Australien. Er hatte Angst, dass ihn die Konzerte krank machen würden, stattdessen haben sie ihn gerettet, wie er später sagte. Plötzlich waren die Menschen vor der Bühne keine vage bedrohliche Masse an Bewunderern mehr, die er mit der Wucht seines Vortrags auf Abstand zu halten versuchte, sondern Individuen, mit denen er über ihr Leid in Verbindung stand. Statt sich in der Überhöhung unberührbar zu machen, suchte er jetzt die Nähe, indem er immer wieder nach den Händen griff, die sich ihm entgegenstreckten. Jedes Konzert wurde zu einer Messe, die Tour ging um die Welt, die Hallen wurden größer, der Abstand zum Publikum auch. Cave aber wollte reden, sich mitteilen, weil ihm das half, also ging er, der Interviews stets gehasst hat, noch einen Schritt weiter, setzte sich in kleineren Spielstätten allein auf die Bühne und ließ die Leute Fragen stellen, die er dann beantwortete – zuweilen auch mit einem Song am Flügel. Er nannte diese Events *So, What Do You Want To Know?* Es ging viel um Trauer und wie man sie überwindet, aber auch um seine Unterhosen.

»Wie er mit diesem Schmerz umgegangen ist, wie er sich da immer weiter rausgewagt und geöffnet hat, anstatt sich zu verstecken – das hat mich, glaube ich, mehr inspiriert als jeder Song von ihm und alles, was er davor war.«

»Das verstehe ich«, sagt Ixtzel. »Was für ein Triumph.«

Später liegen wir im Bett. Es ist kurz nach Mitternacht. Ich lese zum dritten oder vierten Mal *The Sick Bag Song: Das Spucktütenlied*, Caves 2015 erschienenes langes Gedicht von unterwegs, ein lyrischer Gedankenstrom, der immer wieder um einen Jungen kreist, der von einer Brücke stürzt. Cave hat das

Buch vor Arthurs Tod geschrieben, und der Junge und die Brücke – es wirkt wie eine schreckliche Vorahnung. Ich will Ixtzel gerade davon erzählen, da fragt sie mich, ob ich Caves Blog schon kenne.

»Was für ein Blog? Nick Cave hat doch keinen *Blog*.«

»Hier, warte … *The Red Hand Files*. Hat Susie vor ein paar Tagen auf Instagram gepostet. Er schreibt da irgendwas über seine Hunde.«

Ich gehe sofort ins Netz und auf diese Seite. ›You can ask me anything‹, steht da. Dieser Teufelskerl. Nicht zu fassen …

Nächster Tag, Dienstag, 2. Oktober 2018. Wir sitzen auf dem Balkon des Hotelrestaurants und blicken über die auf den zerstörten Tempeln der Azteken erbaute Stadt. Ixtzel zerpflückt ihren kunstvoll arrangierten Fruchtsalat und kippt Salsa in ihr Bier, während auf meiner Pampelmusenhälfte die Zuckerkristalle verschwinden, sich einfach auflösen wie die Fragen, die ich Nick Cave unter Umständen hätte stellen können. Er hat sie in seinen *Red Hand Files* alle schon beantwortet. Da steht alles drin. Im ersten Eintrag beantwortet er die Frage eines Jakub aus Polen nach dem Stand seines Schreibens. Es läuft wieder, schreibt Cave. Davor ging ein Jahr gar nichts, »weil das Zentrum kollabiert war. ... Aber was *ist* da eigentlich kollabiert? Was befindet sich im Zentrum unserer Leben? ... Ich glaube, es ist die Fähigkeit zum Staunen. Ein großes Trauma kann uns dessen berauben ... Wie also kehren wir zu unserem Leben zurück, zum Wunder der Existenz – wie können wir unsere Fähigkeit zum Staunen zurückgewinnen?«

Ich lese Ixtzel diese Passage vor und sehe in den Leuten an den anderen Tischen plötzlich keine saturierten Touristen mit Kleidungsproblemen mehr, sondern Menschen mit einzigartigen Geschichten; jeder für sich ein Universum aus Trauer, Leid und Hoffnungen.

»Süßer, das nennt man Empathie durch Perspektivwechsel.«

»Aber was soll ich ihn denn jetzt noch fragen? Hier, im dritten Eintrag, schreibt er über den kreativen Prozess. Man muss arbeiten, dranbleiben, das Nichts aushalten, und irgendwann zeigt sich der Zauber. Muss er mir das jetzt auch noch persönlich sagen? Soll ich wie ein Vampir den Vampir aussaugen, nur weil ich zu blöd bin, meinen Weg selbst zu finden?«

»Entspann dich. Alles wird gut. Iss deine Pampelmuse.«

Bei dem Gedanken, heute Nacht vor Nick Cave zu stehen, wird mir schlecht. Ich will so viel von ihm, zumindest ein ordentliches Finale, dabei sollte man ihn einfach mal in Ruhe lassen, vor allem nach einem mindestens zweistündigen Konzert. Es ist bestimmt auch nicht einfach, Nick Cave zu sein. Jeder, der ihn trifft, hat irgendeine Agenda. Alle wollen irgendwas, ein Autogramm, ein Selfie, seine Aufmerksamkeit, Antworten, ein nettes Wort, irgendwas zum Festhalten. Ich will vor allem weniger wollen. Als ich nach San Cristóbal kam, wollte ich gar nichts, und dann habe ich die Liebe meines Lebens gefunden und ein neues Leben. Vielleicht findet man erst, wenn man aufhört zu suchen? Darüber könnte man sich mal mit Nick Cave unterhalten, aber ganz bestimmt nicht beim Meet & Greet hinter der Bühne. Da kann man doch eigentlich nur Danke sagen für das Konzert und seine Kunst, aber das hört er sicher auch hundertmal am Tag.

»Schenk ihm doch was«, sagt Ixtzel.

»Was soll ich ihm denn schenken?«

»Keine Ahnung. Was mag er denn so?«

»Er sammelt Geschirrtücher und Bilder des Katzenmalers Louis Wain, von dem es ein tolles Foto gibt.«

Ich suche das Foto im Netz und zeige es ihr. Eine alte Schwarz-Weiß-Fotografie. Wain, der an seinem Zeichentisch sitzt und vorsichtig die Hand nach einer schwarzen Katze ausstreckt, die ihn skeptisch ansieht und wirkt, als sei sie auf dem Sprung und gleich wieder weg – der Künstler und seine Muse. Macht sich gerahmt sicher gut auf jedem Schreibtisch. Ich bedanke mich für die Geschenkidee und frage Ixtzel, ob sie ihm auch was schenken will. Sie muss nicht lange überlegen.

»Klar, Juan Gabriels *En el Palacio de Bellas Artes*.«

Es geht mir sofort besser. Ich will nichts mehr von Nick Cave, ich werde ihm was geben. Klingt nach einem guten Finale.

Wir lassen das Foto ausdrucken, besorgen einen passenden Rahmen und das Juan-Gabriel-Album und verbringen den Rest des Tages in Museen – dem Museo de Arte Moderno und Museo Soumaya, dem Franz-Mayer-Museum und dem Anthropologischen Museum (in dem Cave, Ellis und Caves Assistentin an diesem Tag auch waren, wie wir später erfahren), und auf dem Weg zum Museum für Architektur und Design in der Nähe des Plaza Garibaldi, wo vor zwei Wochen als Mariachis verkleidete Männer fünf Menschen erschossen haben, beschließt Ixtzel, dass sie lieber ins Spielzeugmuseum will, wo wir zwei alte japanische Spieluhrwerke kaufen, die man mit einer Kurbel bedient, und dann bewegen sich kleine Zahnräder und Metallzungen und machen Musik.

»Liebling?«

»Ja?« Ixtzel rührt in ihrer heißen Schokolade.

»Wir müssen noch über die Liebe reden.«

»Oh mein Gott … Herr Ober, Tequila!«

»Ich meine die von Nick Cave. Für das Buch.«

»Was gibt's denn da zu bereden?«

»Na ja, jahrelang hat er sie besungen, hat sie in seinen Songs quasi heraufbeschworen, und dann hat er sie gefunden, in Susie, und das verändert ja eine Menge. Das hebt jedes Leben auf ein neues Level.«

»Dich hat es immerhin auf das Dach eines Kaufhauses gebracht. Und Susie war ja bestimmt nicht seine erste Liebe.«

»Aber die erste wirkliche. Als er Susie begegnete, war er das erste Mal seit den Anfängen seines Musikerlebens Single. Bis dahin hatte er sich nach eigenen Angaben jede Woche neu verliebt, was natürlich eine Übertreibung ist, aber das kenne ich auch, dieses verzweifelte Suchen und sich Hineinstürzen. Caves Beziehungen waren allerdings immer sehr konfliktbeladen. Auf der linken Wange hat er eine kleine Narbe, die stammt von einem Küchenmesser. Er war oft mit starken Frauen zusammen, die er dann aber immer irgendwie ausgelaugt hat, wie er mal in einem Interview sagte. Er wurde sehr oft verlassen. Und zur *Boatman's Call,* nach dem Bruch mit PJ Harvey und kurz bevor er Susie traf, fragte er sich: Warum passiert das? Was ist da los? Warum ist meine Liebe nie genug? Auch darum kreisen diese Lieder. Er ist Single, von der Liebe enttäuscht – und dann trifft er Susie. Das war vor einundzwanzig Jahren.«

»Meinst du, dass wir's auch so lange schaffen?«

»Wenn wir nicht irgendwie draufgehen und du mich so lange aushältst ... Ich zumindest suche nicht mehr, denn mit dir kann ich sein, wer ich bin, und werden, wer ich sein will. Und das sagt Cave auch über sich und Susie. Also dass sie ihn so liebt, wie er ist, und dass er deswegen auch eine Beziehung führen kann, die, Zitat Cave, ›mehr ist als ein Feuer, das zwei Monate lang lichterloh brennt und dann abkühlt und immer kälter wird, bis das alles erloschen in der Gosse liegt‹. Für die man kämpft, wenn es mal nicht so gut läuft.«

»Was wohl Susie dazu sagt ...« Ixtzel wischt über ihr Handy. Wir sitzen auf der Dachterrasse eines Kaufhauses gegenüber dem Palacio de Bellas Artes, dessen goldene Kuppel im Licht der untergehenden Sonne glüht. »Sie sagt, dass Nick ein riesiges Herz hat, der beste Vater der Welt ist und das Gegenteil dessen, was sich die Leute vorstellen. Und er macht immer das Frühstück für Earl.«

»Und sobald er von der Bühne kommt, ruft er seine Frau an. Schreibt er zumindest im *Sick Bag Song*.«

»Das hat man auch in dem Film gestern gesehen, diese Verbindung, die die beiden haben. Das war das einzig nicht Zerfetzte in dem Film. Wie die sich angesehen haben, als würden sie sich mit Blicken aneinander festhalten ...«

»Ja, so beschreibt er das auch. Nach Arthurs Tod hat er gesagt: ›Ich glaube, dass wir uns in einem fort retten. Vielleicht haben wir das schon immer getan. Vielleicht ist es das, was uns von Anfang an zueinander hingezogen hat.‹«

»Die Idee, dass man jemand anderen braucht, um sich zu retten«, sagt Ixtzel, die ich auf jeden Fall gerettet habe, »macht mir eher Angst ...«

»Aber gut, wenn man in so einer Situation nicht allein ist.«

»Natürlich. Denk nur an all die Menschen, die niemanden haben.«

»So gesehen ist *One More Time With Feeling* auch ein Film über die Kraft der Liebe. Und wie Cave am Ende seinen und Susies Entschluss, glücklich zu sein, einen Akt ›der Rache und des Trotzes‹ nennt ...«

»Ja«, sagt Ixtzel, »fast schon ein Happy End.«

3

Ein Mann im weißen Anzug steht an der Insurgente
Sur und singt mit einem Lächeln im Gesicht über
den Straßenlärm hinweg ›Blue Moon‹. Er spielt eine
alte Akustikgitarre, trägt einen weißen Panamahut,
und auf dem Schild, das an seinem Gitarrenkoffer
lehnt, steht: »creamos lo que creemos« – wir kre-
ieren, woran wir glauben. Wir sehen ihm seit einer
halben Stunde zu, und bisher hat noch keiner der
Nick-Cave-Fans, die an ihm vorbei zum Pepsi Cen-
ter WTC gehen, auch nur einen Peso in den Gitarrenkoffer fallen lassen. Nick-Cave-Fans sind leicht
zu identifizieren: Sie tragen vornehmlich Schwarz.
»Dunkelbraun geht aber auch«, sagt Ixtzel und deutet auf einen Typen in Cordhose und Cave-Shirt,
der sich über die Straße schleppt. Es ist kurz nach
acht. Um neun geht das Konzert los. Erst mal die

Stiefel putzen lassen. Der Schuhputzmeister auf der anderen Straßenseite macht sich mit großer Kunstfertigkeit über meine spitz zulaufenden schwarzen Nick-Cave-Gedenk-Stiefel her, während die Stimme des Straßenmusikers herüberschallt und ich die Titelblätter der Tageszeitungen betrachte, die alle demselben Thema gewidmet sind: Tlatelolco. Heute vor fünfzig Jahren wurden auf der Plaza de las Tres Culturas ungefähr dreihundert friedlich demonstrierende Studenten erschossen; niemand kennt die genaue Zahl, der Staat hat die Sache jahrzehntelang vertuscht, zehn Tage nach dem Massaker begannen die Olympischen Spiele in Mexiko. Tlatelolco ist ein mexikanisches Trauma wie Ayotzinapa und Acteal, aber es ist sehr unwahrscheinlich, dass Cave auf diesen Jahrestag eingehen wird. Meines Wissens hat er sich in den fünfundvierzig (!) Jahren seiner Karriere nur einmal politisch geäußert, und zwar im November 2017, als er sich weigerte, bei dem von Musikern wie Brian Eno (einem von Caves Helden), Roger Waters und Thurston Moore initiierten Israel-Boykott mitzumachen, mit dem sie gegen die Besetzung Palästinas protestieren. Cave spielte trotz massiver Proteste in Tel Aviv, wie auch sein Freund Thom Yorke mit seiner Band Radiohead. Dass er seine politischen Ansichten nicht kundtut, erklärt er damit, dass er auch selbst nicht von einem »fucking« Rockstar gesagt kriegen will, was er denken soll, weil Rockstars die Letzten sind, die einen reellen Bezug zur Welt haben.

Mein Liebste sitzt immer noch auf den Stufen vor dem Bürohaus an der Insurgente Sur, was beruhigend ist, denn in Mexiko verschwinden ständig Menschen. Sie präsentiert mir das Ergebnis ihrer Erhebung: Binnen einer Stunde haben zweiundzwanzig Menschen Geld in den Gitarrenkoffer des Straßenmusikers geworfen – siebzehn Frauen und fünf Männer. Die meisten waren über fünfzig, und niemand sah aus, als wäre er auf dem Weg zu einem Rockkonzert. Wir werfen ein paar Scheine in den Koffer – mit besten Grüßen von Nick Cave.

Eigentlich müsste dieses Konzert natürlich im Palacio de Bellas Artes stattfinden und nicht in dieser Mehrzweckhalle, in der als Nächstes ein Käfigkampfturnier steigt. Paramilitärisch anmutende Ordner brüllen in Megafone und treiben die Leute in die Halle, und es sieht ein bisschen aus, als gingen sie auf eine Beerdigung, weil alle hier gedämpft reden und dunkle Kleidung tragen. Wir auch. Ixtzel trägt ein schwarzes Seidenkleid mit roten Rosen und ich den dunklen Anzug mit Weste und diese leicht lächerlichen spitzen Stiefel – the return of Westentaschen-Nick-Cave.

Der geht jetzt erst mal die Backstagepässe holen, die sich als rosafarbene Armbänder entpuppen und mit einem Zettel gereicht werden, auf dem steht, dass man sich nach dem Konzert am rechten Bühnenrand einfinden soll, um von der »local security« in den »After Show Room« gebracht zu werden.

In der Halle leuchten Logos an den Wänden – Scotiabank, Tequila Don Ramón, Heineken, Doritos. Wir stellen uns hinter das Mischpult, weil man hier den besten Klang hat, nicht von allen Seiten von Menschen umgeben ist und ein bisschen Abstand dem Auftrag sicher guttut. Auf einer der schwarzen Transportboxen hinter dem Mischpult steht NIK CAVE. Daneben sitzt ein Techniker und schießt auf seinem Handy Raumschiffe ab. Ixtzel sagt, dass sie es toll findet, dass wir hier sind, und ich sage, dass ich es auch toll finde, und wir küssen uns, und dann geht das Licht aus, die Logos erlöschen, die Band kommt auf die Bühne – sehr lauter Jubel. Die Musiker gehen zu ihren Instrumenten und spielen dieses schwere Schleifen, diesen Loop wie Lava, die ersten Töne von ›Jesus Alone‹, dem trostlosesten Song, den Nick Cave je geschrieben hat, und jetzt kommt Cave, breitet die Arme aus, die Leute sind kurz lauter als die Musik, und er nimmt sich das Mikro und fängt an zu singen. Mit fast statischer Stimme stößt er diesen schwarzen Strom aus Worten aus, der in diesem Refrain endet, der wie ein Flehen wirkt: »With my voice, I am calling you …« Für Außenstehende muss das befremdlich wirken. Diese bis aufs Mark entkernte Musik, die dem Hörer keinen Halt gibt, keinen Rhythmuswechsel, keine Melodie, nur dieses fiese Pfeifen im Hintergrund, wie ein Sirenengesang des Schmerzes, und 7500 Menschen in der Halle, die vollkommen darin verschwinden.

›Magneto‹ stammt auch von *Skeleton Tree* – »In love, in love, I love, you love, I laugh, you laugh, I move, you move / And one more time with feeling«. Ixtzel blickt gebannt auf die Bühne, wie alle hier. Die Intensität ist beinahe übergriffig. Das alles ist eine dermaßen große, starke Ansage und dann auch noch so aufgeladen mit Kontext, dass man schon nicht mehr von Entertainment sprechen kann. Es ist eher eine Erfahrung.

Jetzt Erlösung. Die Band haut die ersten Takte von ›Do You Love Me‹ raus, und da ist der alte Cave – der Showman, die Rampensau, der Muskelmann vom Zirkus. Endlich Eskapismus. Nächster Song: ›From Her to Eternity‹. Die Band verfällt in Raserei, dreht vollkommen durch. Warren Ellis prügelt auf seine Geige ein, Jim Sclavunos auf seine Trommeln, Cave hämmert auf die Tasten seines schwarzen Flügels, nun springt er wieder auf und brüllt ins Mikrofon, haut seine rechte Hand durch die Luft, als müsse er irgendwas irgendwo reinschlagen, und man muss sich das im Internet angucken, wenn man es noch nicht gesehen hat, um zu begreifen, wie unwahrscheinlich es ist, dass so etwas auf einer derart großen Bühne geschieht. Die Halle ist voll und eine der kleineren auf der Nord- und Lateinamerika-Tour, die heute beginnt.

›Loverman‹, ›Red Right Hand‹, ›The Ship Song‹ – Cave wirft sich in jeden Song, als gehe es um alles, und das tut's ja auch, immer. Jetzt versucht er etwas auf Spanisch zu sagen, das aber nicht mal Ixt-zel versteht, setzt sich an den Flügel und spielt ›Into My Arms‹. Es wird sofort sehr besinnlich. Paare nehmen sich in den Arm, Handys werden hochgehalten, da hinten schunkeln sogar zwei – das erinnert mich an das Leonard-Cohen-Konzert in Hamburg vor ein paar Jahren, wo sich bei ›Hallelujah‹ auch so eine Art Kirchentagsstimmung eingestellt hat, die ich eher befremdlich fand, vielleicht bin ich aber auch einfach nur zynisch oder habe Angst vor Gefühlen. Ixtzel sagt, ich soll die Klappe halten. Ich halte die Klappe.

Cave singt ›Shoot Me Down‹, eine selten gespielte B-Seite aus dem Jahr 2003, ein schlichtes, trauriges Stück, das die Beseeltheit vertreibt und quasi als Brücke dient zu ›Girl In Amber‹ von *Skeleton Tree*. Auf der riesigen Leinwand hinter der Bühne geht Susie am Strand von Brighton in Zeitlupe ans Meer, während Cave singt: »And if you want to bleed, just bleed.«

Ein Donnergrollen, Regen prasselt – ›Tupelo‹. Die Dramaturgie ist wirklich perfekt. Im Hintergrund schwanken Palmen im Sturm. Die rechte Hand haut in die Luft. Der Erstgeborene ist tot. Der

King lebt. Der King lebt! Und alle hier blicken gebannt zur Bühne oder durch ihre Handys und spüren diese Macht und diese musikalische Wucht aus den Boxen brechen. Den Kampf gegen den Handywahnsinn auf Konzerten hat Cave längst aufgegeben, weil er nicht zu gewinnen ist, stattdessen sieht er das Gute darin. Er findet die Fotos, die Fans auf den Konzerten machen, großartig. »Sie erschaffen eine neue Form von Rock-'n'-Roll-Fotografie.« Und er nutzt sie. Das aktuelle Tourplakat stammt von einem Fan, das Cover der *Distant Sky*-Live-EP auch.

Am Flügel klebt eine Stickerei eines Fans, darauf steht: »Smoking, Melting, Boiling, Burning« – ein Textauszug von ›The Mercy Seat‹. Überhaupt nimmt Cave die ganze Zeit Geschenke an. Auf dem Flügel stehen drei Nick-Cave-Porträts, die ihm Fans im Laufe des Konzertes zugestreckt haben. Nun legt er einen Brief daneben, trocknet sich das Gesicht mit einem Handtuch ab, das ihm ein Fan gerade gereicht hat. Vielleicht ist meine Idee mit den Geschenken doch nicht so originell.

Egal. Weiter. ›Jubilee Street.‹ Großartig, dass das Stück jetzt schon kommt. Ein weniger begabter Dramaturg hätte den Song ans Ende gestellt, als

Auflösung, als Happy End und großes Finale, aber Cave feuert das Ding am Ende des zweite Aktes ab – diesen einen Song, der die Wandlung des Nicholas Edward Cave besser beschreibt als jeder andere. Er stammt von *Push The Sky Away,* Cave hat ihn also vor Arthurs Tod geschrieben, und am Ende von *20000 Days on Earth* sieht man ihn im Sydney Opera House auf der Bühne mit Kinderchor und Orchester dieses Monster von einem Lied performen, das immer weiter anschwillt, bis es in einem unfassbaren Finale explodiert und Cave über die Bühne rennt, in die Luft tritt und mehr schreit als singt: »I am transforming, I am vibrating, I am glowing, I am flying – look at me now!« Das war schon damals triumphal und vor allem von universeller Bedeutung, denn um Wandlung und Transformation geht es ja immer im Leben, wenn man weiterkommen will, nur hat der Song und vor allem sein Ende seit Arthurs Tod noch eine tiefere Ebene, weil er mit Caves Überwindung der Trauer und seinem Weg zurück ins Leben aufgeladen ist – es ist jetzt nicht nur ein Triumph über das Leben, sondern auch über den Tod. Vor allem gibt es einem eine Menge Kraft, wenn man Nick Cave wie hier nach all dem Scheiß, den er durchgemacht hat, über die Bühne toben sieht und »I am glowing, I am flying – look at me now!« schreien hört. Näher wird man bei einem Cave-Konzert dem Moment nicht kommen, an dem man einfach nur die Faust in die Luft rammen und Yeah! brüllen will. Cave ist sich dieser neuen Ebene natürlich bewusst, weswegen der Song seit Arthurs Tod stets den zweiten Akt beschließt, und das Ende, dieses triumphale Finale, ist länger und kathartischer als auf dem Album. Überhaupt verändern viele seiner Lieder im Laufe der Zeit ihre Bedeutung für ihn – daran erkennt er, dass sie leben, und nur diese Songs spielt er live. ›Jubilee Street‹ ist heute, was früher ›The Weeping Song‹ war – die Blaupause für das, was Nick Cave bedeutet. Und das Ding wird hier furios abgefackelt. Sclavunos drischt mit einem Crash-Becken auf seine Trommel ein, Ellis spielt seine Geige wie eine Gitarre, Cave tritt noch mal in die Luft und wirft dann das Mikro weg.

Was soll jetzt noch kommen? ›The Weeping Song.‹ Aber wo ist der Sänger? Der Sänger ist weg. Plötzlich steht er vor uns, über uns, auf der anderen Seite des Mischpults. Die Leute hier sind natürlich völlig aus dem Häuschen. Selbst meine Liebste scheint vor Aufregung leicht zu erröten, vielleicht liegt das aber auch am Licht. Cave fasst nach Händen, lässt sich anfassen, und um seinen Hals hängt eine lange dünne Goldkette, an deren Ende eine goldene Hand baumelt – »The Red Right Hand«, kann man für 3000 Euro bei The Vampire's Wife kaufen. Er verschwindet wieder in der Menge, bahnt sich ohne Begleitschutz umgeben von Menschen seinen Weg zurück zur Bühne, und irgendwer schießt jetzt dieses Foto, das zwei Wochen später auf seiner Instagram-Seite gepostet wird: Cave verschwitzt und lachend mit halb offenem Hemd umgeben von strahlenden Fans, die ihn anfassen. Darunter steht: »Goodbye Mexico, Chile, Uruguay, Argentina and Brazil. ... Much love, Nick.«

Er steht wieder auf der Bühne, die Kette noch am Hals, und jetzt marschiert ›Stagger Lee‹ los, die alte Mörderballade, und Cave holt Menschen auf die Bühne, 60, 70, bis er ganz von ihnen umgeben ist – davon habe ich gelesen, das macht er wohl neuerdings immer so, war früher unvorstellbar. Es spielen sich erstaunliche Szenen ab. Er küsst einen jungen Mann auf die Wange, lässt sich von einer

Frau umarmen und legt einer anderen die Hand auf die Stirn wie ein Heiler, aber wer heilt hier eigentlich wen? Vielleicht heilen ja wirklich alle einander. »Some people say it's just rock and roll, oh but it gets you right down to your soul« – ›Push The Sky Away‹. Cave singt den Refrain, und die ihn auf der Bühne umringenden Menschen drücken bei jedem »Push« ihre Hände in die Halle, als schöben sie tatsächlich den Himmel weg. Mehr kann ein Rockkonzert nicht sein. »Hey, Ixtzel, ist das nicht irre schön?«

»Ja, so sektenführermäßig schön«, sagt Ixtzel, die sich neuerdings für Sektenführer interessiert, und jetzt wo sie's sagt: Die meisten Leute hier würden Nick Cave sicher sehr weit folgen – the Army of Cave oder so.

Im ersten Zugabenblock wird noch mal rumgewütet – ›The Mercy Seat‹, ›City of Refuge‹ –, bevor mit ›Rings of Saturn‹ der Abspann kommt. Auf *Skeleton Tree* folgt ›Rings of Saturn‹ direkt auf ›Jesus Alone‹, hier schließt es den Kreis, und Cave fordert das Publikum auf, dieses Uhuhuhuhu, Uhuhuhuhu mitzusingen, das die Bad Seeds im Hintergrund säuseln, nimmt so die Schwere aus dem Song und schickt die Leute mit einer kleinen Melodie im Kopf raus in die Nacht.

Es ist einer dieser Momente, in denen man von irgendwas so mitgenommen ist, dass man nicht so richtig weiß, was man machen soll. Auf keinen Fall über das Konzert reden, klar, und bitte keine Musik, weniger Menschen wären auch angenehm, und Alkohol, warmer weicher Alkohol. Einfach irgendwo im Halbdunkel sitzen, diese Erfahrung nachwirken lassen und wieder runterkommen.

»Tja ...«

»Tja ...«

»Willst du ein T-Shirt?«

»Haben die auch Negligees?«

»Nee. Aber Geschirrtücher.«

»Und wo müssen wir nun hin?«

Wir müssen an den rechten Bühnenrand, wo schon ein Dutzend Leute stehen, die alle so tun, als würden sie nicht warten, und das machen wir jetzt auch. Das ist aber auch nicht das Richtige.

»Hey, ich glaube, ich will da gar nicht rein.«

»Im Ernst?«, sagt Ixtzel.

»Ja, das bringt doch alles nichts. Der Typ hat gerade zwei Stunden lang hart gearbeitet, der soll lieber in sein Hotelzimmer gehen und ein Gedicht schreiben, aber keinen Typen treffen, den er nicht kennt. Für das Buch denke ich mir dann einfach irgendwas aus.«

»Ich denke, das wird ein Tatsachenbericht.«

»Vielleicht wird's ja doch eher Literatur. Im Ernst, was soll denn jetzt noch kommen?«

»Na, Nick Cave vielleicht?«

»Schon klar. Aber warum? Damit wir sehen, dass er auch nur ein Mensch ist? Lassen wir ihm und uns doch einfach seinen Mythos.«

»Und was ist mit dem Finale?«

»Überraschung, es gibt keins. Offenes Ende. Ist doch super.«

»Also ich gehe da auf jeden Fall rein«, sagt Ixtzel. »Du kannst ja hier warten.«

»Was willst du denn da?«

»Ich will Warren treffen.«

»*Warren?* Kennt ihr euch?«

»Wir werden uns *er*kennen. Geistig, verstehst du?«

»Nein.«

»Dein Nick ist mir zu ego. Warren ist das wahre Genie. Ich glaube, der kann alles spielen, und wie der auf der Bühne darin aufgeht! Wie es wohl in seinem Kopf aussieht ...«

»Oh Mann ...«

»Also, kommst du jetzt mit oder nicht?«

Muss ich ja wohl, sonst brennt sie mir noch mit dem Teufelsgeiger durch.

Die mit uns Wartenden wirken wie der Cast einer Netflix-Serie, die in Brooklyn oder Williamsburg spielt, bis auf eine Frau um die fünfzig, die vermutlich die Mutter des Nick-Cave-Groupies ist, das sich neben ihr immer wieder durch die Haare fährt – Groupie, weil sie aussieht, wie aus einem alten Cave-Song gefallen und wirklich hübsch ist, vielleicht kommt sie aber auch von einem Literaturverlag, um mit Cave über einen neuen Gedichtband zu reden, und die Frau neben ihr ist ihre Anwältin, wer weiß das schon.

»Sag mal, bist du nervös?«, fragt mich Ixtzel.

»Natürlich.«

»Süß.«

Hätten wir das auch geklärt. Ich strecke meine Hand aus, kein Zittern, aber in meinen flauen Magen muss ich mal dringend was Betäubendes kippen. Jack White hat mir in einem Interview mal gesagt: »Wenn du dich wie ein Fan benimmst, werden dich die Leute auch wie einen Fan behandeln«, und genau das ist der Punkt. Dieses Treffen mit Nick Cave wird nur gut, wenn ich ihm auf Augenhöhe begegne, nur steht mir da meine Bewunderung im Weg. Mal Ixtzel fragen, wie sie das Konzert fand, sie holt immer alles so schön auf den Boden der Tatsachen zurück.

»Großartig! So stelle ich mir eine Nahtoderfahrung vor.«

»Wie bitte?«

»Ja, es gab da diesen Moment ... Alles war dunkel, bis auf dieses gleißende Licht auf der Bühne, und dazu die Musik ... Es war alles so unglaublich friedlich, als könnte man einfach darin verschwinden.«

Verschwinden würde ich jetzt auch gern. Aber da kommt eine Frau mit Klemmbrett in der Hand und Knopf im Ohr und führt die Gruppe an einem Sicherheitsmann vorbei, der die Armbänder checkt, hinter die Bühne und rechts eine Treppe hoch. Wir gehen einen langen weißen Gang entlang, von dem links und rechts Türen abgehen, niemand spricht, und nun sind wir in einem Raum, in dem ein paar Sitzquader stehen und ein langer Plastiktisch. Auf dem Tisch stehen drei Rotweinflaschen und ein paar Plastikgläser, und da ist eine Kühlbox, und sonst ist hier nichts, nur sehr viel Neonlicht. Wir setzen uns in die hinterste Ecke. Sicher geht's gleich weiter in einen dezent ausgeleuchteten Raum mit Ohrensesseln und Ledersofas. Das ist hier bestimmt nur eine Zwischenstation, eine Art Transitbereich zum Rockolymp.

Nein, ist es nicht. Hier warten wir auf Nick Cave. Zumindest geht keiner weg, und die Dame mit dem Klemmbrett plaudert lachend mit einem Roadie, der ein Kabel zusammenrollt. Ich hole uns zwei Bier aus der Kühlbox und drehe mir eine Zigarette. Ixtzel guckt sich die Leute an. Wenn Cave hier gleich auftaucht, wird er sofort von Menschen umringt sein, und der Gedanke, mich da einzureihen und wie ein Bittsteller auf ein paar Sekunden seiner Aufmerksamkeit zu hoffen, gefällt mir gar nicht. Ich habe ihm nichts zu sagen, was er nicht schon weiß, und ich weiß auch nicht, was ich jetzt noch von ihm wollen soll. Ich könnte ihm höchstens Ixtzel vorstellen, die sollte er nun wirklich mal kennenlernen, das ist für jeden Menschen ein Gewinn.

»Möchtest du ihn eigentlich treffen?«, frage ich sie.

»Natürlich. Deswegen sind wir doch hier.«

»Und du bist kein bisschen nervös?«

»Warum sollte ich denn nervös sein?«

»Immerhin hat er dir eine Nahtoderfahrung beschert.«

»Ich will ihm einfach nur sagen, dass er sich mal das Hemd zuknöpfen soll.«

Ich lache wahrscheinlich ein bisschen zu laut, und da kommt Jim Sclavunos, gefolgt vom Gitarristen, dessen Name ich vergessen habe. Keinen interessiert's, außer einen Mann mit Glatze und seinen nach Soziologiestudent aussehenden Begleiter, dem Sclavunos nun die Hand schüttelt. Der Gitarrist ist ebenfalls in ein Gespräch vertieft mit einer Frau, die offenbar seinetwegen hier ist. Die anderen Wartenden reden verhalten, damit sie nicht schweigend rumstehen müssen, außer die Hübsche und ihre mutmaßliche Mutter, die halten sich an den Händen, und das gefällt mir, das machen wir jetzt auch.

Eine Viertelzigarette später kommt Warren Ellis in Begleitung einer Frau, und fast alle hier klatschen. Jim und dem Gitarristen scheint es nichts auszumachen, dass die Leute bei Ellis klatschen, bei ihnen aber nicht. Warren umarmt einen Mann und eine Frau, und nun ist klar, wer hier auf Nick Cave wartet, nämlich der Rest der Anwesenden.

»Vielleicht kommt er ja gar nicht«, sagt Ixtzel.

Stimmt! Das ist es! Nick Cave kommt einfach nicht. Warten auf Godot. Das perfekte Finale. Genial. Und viel besser so. Für die Leser natürlich erst mal eine Enttäuschung, aber die tiefere Wahrheit wird sich später entfalten. Man muss dem Menschen nicht begegnen, denn alles, was man braucht, steckt in seiner Kunst und seinen Worten und ist so viel stärker, wenn der Mann ein Mythos bleibt, eine Projektionsfläche für eigene Gedanken.

Die Geschenke nehmen wir einfach wieder mit. Das Wain-Foto wird sich gut auf meinem Schreibtisch machen, und um diese Szene hier nicht ganz ins Leere laufen zu lassen, hole ich die beiden alten japanischen Spieluhrwerke aus meiner Tasche und gehe zu Jim Sclavunos. Der ist in ein Gespräch vertieft, das jedoch durch meine unvermittelte Anwesenheit unterbrochen wird. »Hier, kleines Geschenk«, sage ich und gebe ihm eines der Spieluhrwerke. »Spielt sich quasi von selbst. Guten Abend.« Er wirkt nur kurz verwirrt und bedankt sich. Ich gehe zu Warren und ziehe dieselbe Nummer noch mal ab, mit ähnlichem Ergebnis. »Oh, danke, Mann«, sagt Warren.

»So, das wäre erledigt«, sage ich, als ich wieder neben Ixtzel sitze. Dass mein Herz rast, weil ich diesen beiden Musikern, die ich nie wiedersehen werde, ein Geschenk überreicht habe, ist kein gutes Zeichen.

»Wenn er in fünf Minuten nicht da ist, hauen wir ab«, sage ich.

»Okay«, sagt Ixtzel und gibt mir einen Kuss, den ich nicht so ganz interpretieren kann, vielleicht war es aber auch einfach nur ein Kuss.

Warren Ellis verlässt den Raum. Ixtzel seufzt. Die anderen Wartenden blicken nervös um sich. Tja Leute, das war's. Er kommt nicht. Ist doch nicht so schlimm. Irgendwie wird's schon mit uns weitergehen. Ich trinke mein Bier aus und schnappe mir meine Tasche. Ixtzel steht schon – und setzt sich wieder. Applaus brandet auf, und zwar donnernder, durchsetzt mit ein paar kieksenden Schreien. Da ist Nick Cave. Federnden Schrittes und lässig lächelnd betritt er den Raum, flankiert von einer Frau mit hellroten Haaren, britischer Blässe und sondierendem, leicht nervösem Blick. Das muss seine Assistentin sein, die mir vor ein paar Wochen höflich, aber bestimmt per Mail zu verstehen gegeben hat, dass sie auf keinen Fall E-Mail-Interviews mit Warren, Jim, ihr, dem Busfahrer und andern Bad-Seeds-Beteiligten anbahnen würde und sie weder sich noch sonst jemand in irgendeiner Weise in mein oder irgendein anderes Projekt über Cave involvieren könne, auch wenn man sich über das Interesse freue. Ein Treffen jedoch ließe sich vielleicht anbahnen. Und Tickets gehen klar. »Very best wishes, Rachel.«

Cave trägt einen dunklen Anzug zu einem minzgrünen Hemd und hält ein Getränk in der Hand, das aussieht wie Tomatensaft oder Bloody Mary, Letzteres ist jedoch unwahrscheinlich, da er ja seit Jahren keinen Alkohol mehr trinkt. Er ist sofort umringt von Menschen, und seine Assistentin stellt sich schützend vor ihn und lässt die Schwarzhaarige durch, die ihre mutmaßliche Mutter hat stehen lassen und nun aufs Süßeste lächelnd und strahlend auf Cave einredet, der irgendwas zu ihr sagt, woraufhin sie ihr Handy zückt, sich neben ihn stellt und ein Selfie macht. Cave guckt freundlich, aber würdevoll in die Kamera. Die Schwarzhaarige überreicht ihm ein Nick-Cave-Porträt, das sie wahrscheinlich selbst gemalt hat. Es stellt ihn nicht besonders vorteilhaft dar, das kann ich von hier aus sagen, und warum schenken ihm eigentlich alle ständig Nick-Cave-Porträts? Er bedankt sich natürlich, guckt sich kurz das Bild an, sagt irgendwas, die Schwarzhaarige strahlt, und Cave gibt das Bild seiner Assistentin, die es sorgsam auf dem Tisch an eine leere Weinflasche lehnt. Alle Augen sind auf Cave gerichtet. Die Leute stehen nicht mehr in Grüppchen herum, die um sich selber kreisen, sondern haben sich in eine homogene Masse aus Menschen verwandelt, die von der Präsenz dieses Mannes angezogen werden wie Eisenspäne von einem Magneten. Er ist das Zentrum, nichts anderes existiert mehr, man könnte eine Horde brennender Hasen durch den Raum jagen, und niemand würde es bemerken. Nun wiesel sich ein Typ heran, der aussieht wie Prince, der sich als Nick Cave verkleidet hat. Er trägt Lackstiefel mit zehn Zentimeter hohen Absätzen und erzählt Cave etwas, das Ixtzel, die sehr gute Ohren hat und Lippen lesen kann, so zusammenfasst: »Der hat eine Plattenfirma und will, dass Cave da sein nächstes Album veröffentlicht. Jetzt gibt er ihm seine Karte.«

»Das sehe ich.«

»Was für ein Idiot. Aber tolle Schuhe.«

Sie meint das nicht so. Also das mit den Schuhen.

Der Gedanke, mich da jetzt einzureihen und zu warten, bis ich an der Reihe bin und mir der Meister ein paar Sekunden seiner Zeit schenkt, erzeugt Übelkeit. Vielleicht bin ich auch einfach nur aufgeregt, auf jeden Fall ist mir schlecht. Das fühlt sich alles falsch an. Was soll dabei auch schon herauskommen? Seit sieben Jahren scheitere ich an meinem zweiten Roman, und gleich sagt mir Nick Cave einen Satz, der Knoten platzt und alles wird gut? Ich will nur noch mein Geschenk loswerden und weg hier. Also stehen wir auf und gehen zu der Frau, die sehr wahrscheinlich Rachel ist und angespannt neben Cave steht, der mit sich versteinernder Miene dem Cave-Prince-Hybriden zuhört.

»Entschuldigung, bist du Rachel?«, sage ich zu der Frau, die Rachel ist. Ich erkläre, wer wir sind und dass ich nur schnell ein Geschenk abgeben will, und sie sagt: »Ah, da seid ihr ja«, und dreht sich zu Cave. »Nick, ich habe sie gefunden.«

Sie hat *uns* gefunden?

Cave wendet sich zu uns – blaue Augen, wacher Blick.

»Guten Abend, Mr. Cave.«

»Guten Abend.«

Wir geben uns die Hand, und ich sehe aus den Augenwinkeln, wie Ixtzel die Augen verdreht.

»Darf ich vorstellen, meine Liebste, Ixtzel.«

»Oh«, sagt Cave und reicht ihr die Hand. »Ich habe einen versoffenen Biografen erwartet, und jetzt steht ihr vor mir.« Er lächelt leicht. Was meint er? War das ein Kompliment? Und wieso Biograf?

»Nein, nein«, sage ich, »das wird keine Biografie.«

»Ach«, sagt Cave, »was wird es dann?«

»Eher so eine Art Liebesbrief«, platzt es aus mir heraus, »bei dem Sie, meine Frau und ich auf so einer Art Road Trip sind.«

Cave geht einen Schritt zurück und sagt: »Äh, interessant …«

Toll, meine erste Wortmeldung, und Nick Cave geht auf Abstand.

»Nein, wir sind nicht zu dritt unterwegs«, sagt Ixtzel. »Nur wir beide«, sie zeigt auf mich, »von San Cristóbal de las Casas bis nach Mexiko-Stadt, zu diesem Konzert.«

»Ah, verstehe.« Cave kommt wieder näher. »Ich fand die Idee mit der Liebesgeschichte zu dritt ja ganz gut«, sagt er mit einem ironisch verrutschten Lächeln.

»Also seid ihr den ganzen Weg hierhergefahren?«, fragt Rachel.

»Ja«, sage ich, »mit Zwischenstopp an einem ausbrechenden Vulkan.«

»Vulkane sind immer eine gute Idee«, sagt Cave. Gut, darauf kann man aufbauen. Ixtzel weiß alles über Vulkane und haut jetzt bestimmt ein paar Fakten raus, die Cave als wissbegieriger Mensch natürlich interessant finden wird, und von da können wir dann ja zur Kunst kommen, da gibt's ja gewisse Analogien, nur leider betritt jetzt Warren Ellis wieder den Raum, und Ixtzel schiebt sich wie ferngesteuert zwischen Cave und Rachel durch und geht auf ihn zu. Cave und seine Assistentin blicken ihr irritiert hinterher. Tolle Szene. Kommt auf jeden Fall mit ins Buch.

Cave dreht sich wieder zu mir. »Du schreibst also keine Biografie?«

»Nein. Aber irgendwer sollte das mal machen.«

»Bloß nicht«, sagt Cave. »Das hat letztens einer versucht, und es war schrecklich.«

»Es ist halt nicht einfach, ein Buch über Nick zu schreiben«, sagt Rachel. »Daran sind bis jetzt noch alle gescheitert.«

Gut zu wissen.

»Wenn einer ein Buch über mich schreibt, dann ich«, sagt Cave.

Na toll. »Warum machen Sie's nicht?«

»Weil ich noch nicht fertig bin.«

Cave wird wieder von dem Cave-Prince-Hybriden angequatscht. Rachel will dazwischengehen, aber Cave hebt kurz die Hand, als wolle er sagen, ich komme schon klar. Rachel sieht mich an und sagt: »Gut, dass wir uns kennenlernen. Ich musste Nick überreden, er wollte nicht mehr raus.«

Sie hat Cave überredet *mich* zu treffen? Zum Glück kommt Ixtzel zurück. Warren Ellis schaut ihr mit einem fassungslos in der Luft hängenden Lächeln hinterher.

»Ixtzel hat mich auch überredet, zu diesem After-Show-Ding hier zu kommen«, sage ich.

»Ja, und wenn ich das nicht gemacht hätte«, sagt Ixtzel schnell, um die Dämlichkeit meiner Bemerkung zu überspielen, »könntest du jetzt nicht unsere Geschenke überreichen.«

Cave ist wieder bei uns, und ich ziehe dankbar für die Überleitung das gerahmte Foto aus meiner Tasche und reiche es ihm. »Hier, kennen Sie bestimmt schon, aber es ist ein schönes Symbol für die Beziehung von Künstler und Muse, und man kann den Rahmen auch für andere Bilder benutzen.«

»Hey, großartig«, sagt Cave, »das habe ich noch nicht.«

»Wain wollte ja mit seiner Katze begraben werden«, sagt Rachel, »das ging aber nicht, wegen des Christentums.« Sie seufzt. »Ich wünschte, ich könnte mit meinen Katzen begraben werden.«

»Gute Idee«, sagt Ixtzel, »man sollte sich immer mit den Lebewesen begraben lassen, die man am meisten liebt.«

Rachel strahlt sie an.

»Was wohl die Lebewesen dazu sagen?«, sagt Cave. Die Damen lachen, und ich spüre, wie die Anspannung von mir weicht. Katzen, Tod, Ixtzels Zauber – es ist alles ganz leicht. Ich reiche Ixtzel die Juan-Gabriel-CD, und sie sagt zu Cave: »Hier, der Gott der mexikanischen Musik. Der Mann hat mehr als tausend Songs geschrieben – keine Ahnung, wie er das gemacht hat.«

»Ja, das ist das große Mysterium«, sagt Cave. »Wie machen die das?«

»Wie machst du's denn?«, fragt Ixtzel.

»Wenn ich das wüsste ... Der kreative Prozess ist ein kriegerischer Akt. Man muss die innere Stimme bekämpfen, diesen Homunkulus, der einem ständig sagt: ›Du bist nicht gut genug. Du kannst es nicht.‹«

»Und wie geht das?«, frage ich.

»Da gibt's viele Wege, aber es läuft immer auf dasselbe hinaus: Du musst dich umdrehen und dem kleinen Scheißer in die Eier treten.«

Ixtzel lacht. Cave blickt ihr für meinen Geschmack ein bisschen zu tief in die Augen und sagt: »Danke für die CD. Ich werde sie mir anhören, wenn ich irgendwo einen CD-Player finde.«

»Vor allem musst du den Song hier hören«, sagt Ixtzel, reißt ihm die CD aus der Hand und deutet auf ›Hasta Que Te Conocí‹. Cave fragt, warum. Ixtzel erklärt's ihm. Ich wende mich zu Rachel: »Es war übrigens sehr gut, dass ich keine Interviews machen durfte, jetzt kann ich mehr über Mexiko schreiben und über Vulkane und Affen und so.«

»Hey«, sagt Cave, »wenn du mit jemandem reden willst – Jim hier ist sehr eloquent.«

Cave zieht Jim Sclavunos in die Runde, der zwei Meter neben uns steht, und Sclavunos sagt: »Was redest du da über mich? Was bin ich?«

»Eloquent«, sagt Cave. »Ich wollte dir nur ein Kompliment machen. Und der junge Mann hier schreibt ein Buch und will dafür mit vielen Leuten reden.«

»Nein, nein, ich will mit niemandem mehr reden!«

»Er will doch nicht mehr mit Leuten reden. Du kannst gehen, Jim.«

»Okay«, sagt Sclavunos. »Dann gehe ich. Ich hätte versucht, etwas Nettes über dich zu sagen.«

Cave lacht.

Also mir reicht das. Ist doch alles gut. Diese beiden Typen, die eben noch auf der Bühne diesen Wahnsinn abgefackelt haben, plaudern ein bisschen, ich bin irgendwie mit dabei, neben mir steht Ixtzel, und man muss dem kleinen Scheißer einfach in die Eier treten – Zeit zu gehen.

»Mr. Cave«, sage ich, »es war schön, Sie kennenzulernen.«

»Oh, okay«, sagt Cave, »hat mich auch gefreut.«

»Fahrt ihr jetzt etwa gleich wieder zurück?«, fragt Rachel.

»Nein«, sage ich, »wir bleiben noch eine Nacht im Hotel.«

»Vor unserem haben sie gestern gesungen«, sagt Rachel, und ich spüre die Blicke der Menschen um uns, diese zu Cave drängende Energie.

»Stimmt«, sagt Ixtzel, »Susie hat ja heute morgen dieses Foto gepostet von der Serenade, die ihr da gestern bekommen habt. Ist doch toll!«

»Typisch Susie«, sagt Cave. »Ich versuche die ganze Zeit einen Mythos aufzubauen, und sie zerstört ihn mir auf Instagram.«

Hat er das wirklich gerade gesagt? Enorm. Und warum hängen die beiden eigentlich immer noch mit uns rum? Haben die nichts Besseres zu tun? Ich habe plötzlich so ein warmes Gefühl im Magen …

»Übrigens, großartiges Konzert«, sage ich. »Hat

mich an die fünfte Sinfonie von Gustav Mahler erinnert. Da war alles drin.«

»Danke, Mann«, sagt Cave, reißt die Hände hoch und hebt die Augenbrauen, was lustig aussieht. »Ich habe Mahlers Fünfte immer geliebt. Da wollte ich hin. Aber was meinst du mit ›da ist alles drin‹?«

»Na ja, jedes menschliche Gefühl, jede musikalische Stimmung – Liebe, Wut, Trauer, Verzweiflung, Hoffnung, Angst, Zärtlichkeit ... Und so war das auch bei dem Konzert heute.«

»Wow, das wäre natürlich toll. Das habe ich an dieser Sinfonie immer bewundert. Und darum geht's ja letztlich auch beim Songschreiben: die Komplexität des Lebens und der Welt in so etwas Simplem wie einem Song einzufangen. Oft findet sich das, was wir bewundern, auch in unserer Kunst wieder.«

»Der Vergleich mit den Helden kann einen aber auch blockieren.«

»Wir sollten uns mit niemandem vergleichen«, sagt Cave. »Es geht immer nur um Inspiration. Miles Davis hat mal gesagt: ›Du musst deine Grenzen erkennen.‹ Diesen Satz habe ich verinnerlicht. Um zu überleben, muss ich meine Schwächen kennen und die Größe haben, andere hinzuzuziehen, wenn ich an meine Grenzen stoße.«

Wahnsinn. Ich rede mit Nick Cave, wir umkreisen den Kern – jetzt nur nicht nervös werden und zu viel wollen. Ixtzel greift nach meiner Hand, als wolle sie verhindern, dass ich aus der Kurve fliege.

Ich sage ihm, wie großartig ich die Red Hand Files finde, und Cave wirkt ernsthaft überrascht und erfreut und meint, dass er noch nicht so ganz wisse, was er mit diesen Einträgen eigentlich will. Wir reden ein bisschen über die Files und darüber, dass die Fragen der Fans ganz anders sind als die von Reportern. Okay, jetzt oder nie ...

»Ich war ja auch mal einer dieser Reporter«, sage ich.

»Ach, wirklich?«, sagt Cave. »Wann?«

Ixtzel kichert.

»Zur *Nocturama,* da habe ich Sie mal interviewt. Das war so ein Roundtable-Gespräch, und ich habe nur beleidigende Fragen gestellt – was das mit dem Stadionrock soll, ob es nicht langweilig ist, ständig Liebeslieder zu schreiben und so weiter ... Am Ende habe ich mich entschuldigt, und Sie sagten: ›Keine Sorge, das ist das geringste deiner Probleme.‹ Im

Fahrstuhl habe ich mir diesen Satz noch schönreden können, aber auf der Straße hat's mich dann erwischt.«

Cave und seine Assistentin lachen. Die Leute starren zu uns herüber. Cave beugt sich vor, guckt mich an – zwei Sekunden, drei Sekunden, als würde er einen fremdartigen Käfer untersuchen. Dann grinst er und sagt: »Na klar, ich erinnere mich! Die Dame von der Plattenfirma wollte dich die ganze Zeit rausschmeißen. Aber wie ich sehe, hast du dich verändert. Herzlichen Glückwunsch!«

Jetzt lacht Ixtzel.

Ich glaube, wir sollten jetzt wirklich mal gehen.

»Also dann«, sage ich, »danke für alles und schönen Abend noch.«

»War ein Vergnügen, euch kennenzulernen«, sagt Cave mit dunkler, warmer Stimme. »Das habe ich wirklich nicht erwartet.«

Wie meint er das denn jetzt? Hoffentlich ist das nicht wieder so ein Satz, dessen wahre Bedeutung ich erst später begreife.

»Lass uns in Kontakt bleiben«, sagt Cave.

»Und danke für die Geschenke. Wenn du Fragen hast, sag Rachel Bescheid, okay?«

»Alles klar«, sage ich, »aber ich glaube, ich habe alles.«

»Na dann viel Glück mit dem Buch.« Er legt mir die Hand auf die Schulter und blickt mir in die Augen. »Und wie meine Mutter mal gesagt hat: ›Head high and fuck them all.‹«

Ich nicke, gebe ihm die Hand und dann Rachel, und Ixtzel gibt Cave die Hand und dann Rachel, und wir wenden uns zum Gehen. Sofort stürzen sich Leute auf Cave, aber Rachel schiebt sich dazwischen und führt Cave neben uns aus dem Raum, und wir gehen nach links, und sie gehen nach rechts.

EPILOG

Wir sitzen in einer Bar. Das Licht ist gedimmt, die Musik auch, es sind kaum noch Gäste da, und Ixtzel sagt: »Am schockierendsten fand ich die Wärme in seinen Augen.« Wir trinken auf Menschen mit Wärme in den Augen, und ich hänge wieder über meinem Notizbuch, um aufzuschreiben, was gesagt wurde, damit ich nicht wieder alles vergesse.

»Sag mal, was hast du eigentlich zu Warren Ellis gesagt? Der wirkte ein bisschen mitgenommen.«

»Oh, nichts Besonderes, nur: ›Hey, ich will nicht stören, aber ich bewundere deine Kunst, du hast einen wirklich faszinierenden Geist.‹ Darauf meinte er: ›Der ist aber manchmal ganz schön verdreht.‹ Und ich: ›Toll, verdreht ist doch immer am besten.‹ Und das war's.«

Der Kellner teilt uns mit, dass er den Laden gleich

schließen werde, und ich bestelle die Rechnung. Wir haben noch knapp 5000 Pesos, das sind 250 Euro – fünf Tankfüllungen, wir brauchen sieben.

»Wir könnten jetzt natürlich auch einfach abhauen«, sagt Ixtzel, »aber ich habe mal gelesen, dass gute Diebe immer ihre Drinks bezahlen.«

»Wirklich?«

»Nein, habe ich mir nur ausgedacht.«

Wir bezahlen, mit Trinkgeld, ist doch klar, und draußen an der Straße werden wir von einem jungen Mann angesprochen, der sagt, dass er aus Kuba komme, auf dem Weg zu einem Freund nach Cuernavaca sei, Geld für die Busfahrt brauche und den ganzen Tag über Leute nach Arbeit gefragt, aber niemand ihn angehört habe, und Ixtzel gibt ihm einen 500-Pesos-Schein, und ich winke ein Taxi ran.

Wir fahren schweigend durch die Stadtnacht, und ich denke an die Minibar in unserem Zimmer. Dann denke ich daran, dass morgen früh an der Rezeption meine Kreditkarte nicht funktionieren wird, worauf ich Ixtzel hinweise. Die Lösung ist schnell gefunden. Wir sprechen die Sache kurz durch und steigen am Zócalo aus. Der Hoteleingang ist um die Ecke, und wir werden getrennt reingehen, um keinen Verdacht zu erregen, nur will Ixtzel jetzt den Autoschlüssel, um den Jeep aus der Tiefgarage zu holen, was natürlich ganz klar mein Part ist, aber sie besteht drauf, weil wir seit drei Tagen mein Ding machen, und jetzt, so sagt sie, ist sie an der Reihe. Was soll's. Ich gehe zuerst rein, fahre mit dem Fahrstuhl hoch ins Zimmer, werfe unseren Kram in die Taschen, packe noch ein paar Handtücher und die Hotelbademäntel mit rein und verlasse das Haus durch den Hinterausgang, wobei ein Alarm losgeht, der lustig in die Stille piept. Keine Spur von Ixtzel und unserem Auto. Über dem menschenleeren Zócalo bauscht sich eine lächerlich große Mexiko-Flagge, und in meinem Kopf singt Nick Cave: »I am transforming, I am vibrating – look at me now!«

Der Jeep kommt um die Ecke gebrettert, die Beifahrertür fliegt auf, ich steige ein, Ixtzel gibt Gas. Sie rast nach Norden, wir müssen nach Süden, und zwar spritsparend, aber egal.

»Ist dir schon mal aufgefallen«, sagt Ixtzel, während sie über eine rote Ampel fährt, weil von links und rechts nichts kommt, »dass du noch nie dein eigenes Gesicht gesehen hast, sondern immer nur eine Spiegelung davon?«

Verlag Kiepenheuer & Witsch, FSC® N001512

1. Auflage 2019

© 2019, Verlag Kiepenheuer & Witsch, Köln
Alle Rechte vorbehalten. Kein Teil des Werkes darf
in irgendeiner Form (durch Fotografie, Mikrofilm
oder ein anderes Verfahren) ohne schriftliche
Genehmigung des Verlages reproduziert oder
unter Verwendung elektronischer Systeme
verarbeitet, vervielfältigt oder verbreitet werden.
Umschlaggestaltung FAVORITBÜRO, München
Gesetzt aus der Calluna und der Acre
Satz Buch-Werkstatt GmbH, Bad Aibling
Druck und Bindung CPI books GmbH, Leck
ISBN 978-3-462-05323-4

Seit einigen Jahren lebt Tino Hanekamp im tiefen Süden Mexikos. Als er die Chance bekommt, den Sänger und Schriftsteller Nick Cave in Mexiko-Stadt zu treffen, zögert er. Denn vor 15 Jahren gab es eine Begegnung, an die er sich ungern erinnert. Aber er macht sich auf den Weg, zusammen mit seiner Liebsten, die nichts über sein Idol weiß. Eine abenteuerliche, aber wahre Geschichte über einen der größten Songwriter unserer Zeit, über Kunst und Kreativität, Trauer, Liebe und die Kraft, die im Wandel liegt.

Tino Hanekamp war Musikjournalist und Clubbetreiber. Für seinen Roman »So was von da« wurde er mit zahlreichen Preisen ausgezeichnet. Heute lebt er als Autor und Übersetzer im Süden Mexikos.